ことのは
日蓮の手紙
生きるとは想い、悩み、許すこと

木村中一

平凡社

ことのは　日蓮の手紙

生きるとは想い、悩み、許すこと

日蓮の足跡

日蓮遺文にふれる

手紙から読み解く日蓮のことば

【信行編　信仰とその教え】

【生活編　日頃の悩み】

はじめに

　今から八〇〇年前の貞応《じょうおう》元年（一二二二）、日本を代表する仏教者の一人である日蓮が誕生した。本年（二〇二二年・令和三年）は「日蓮聖人御降誕八〇〇年」にあたる。これを慶讃して、特に日蓮系各宗派は諸行事を計画していた。しかしご存じの通り、令和二年（二〇二〇）に全世界に感染拡大した「新型コロナウイルス感染症」によって、多くの行事予定は変更を余儀なくされたのである。

　この感染症の猛威は「グローバル社会」という世界状況を一変させるのみならず、全世界の人びとの日常生活をも激変させてしまった。毎日、各メディアは暗い情報を伝え、それを耳にする人びとの心は、暗く重苦しいものへと誘引されたように感じる。このように混迷をきわめる現代社会の様相は、実は鎌倉時代と似通っている。

　鎌倉時代は自然災害の続出により飢饉が幾度も発生、また疫病も流行し、世の中の様子はまさに仏教に説くところの「末法」の様相を呈していたのであった。故に人びとの心は「安心《あんじん》」を強く求め、その拠り所となったのが仏教なのである。つまり鎌倉仏教が「末法思想」を基として広まったように、今こそ仏教が必要な時代となったのではないだろうか。

現代に目を向ければ、「持続可能な開発目標（SDGs）」が叫ばれ、さまざまな場所でこの十七の目標達成に向かって動いている。元々このSDGsは、平成十二年（二〇〇〇）の国連ミレニアム・サミットにて採択された「ミレニアム開発目標（MDGs）」という、八つの達成目標が平成二十七年（二〇一五）に達成期限を迎え、これをうけてMDGsに代わる新たな世界目標として制定されたのである。

ここで考えてほしい。皆さんは「MDGs」を「SDGs」のように世に広まっていたと感じるだろうか。恥ずかしながら筆者は「SDGs」を知ってから、初めて「MDGs」の存在を知った。ではなぜここまで「SDGs」が広まったのか。筆者はこの一因を、人びとの心が「安心」を求めているからではないかと考える。つまり人口動態や資源枯渇、気候変動のみならず、各個人の心の有り様（差別や働きがいなど）にまでSDGsが言及するからこそ幅広く受け入れられ、何においても標榜されるようになったのではないか。言い換えれば、人びとは常日頃から心をすり減らしながら毎日を過ごしている。故にその根底にある苦悩に対する解決策を求めているのではないだろうか。

このように「人の心」が抱える苦悩は、その原因に多少の違いはあるものの、鎌倉時代も現代も変わりはないように感じることが多くある。つまりどれだけ時代が移り変わろうとも、人びとは日々悩み、苦しみ、そして悲しんでいるのである。実はこれらの苦悩に対して日蓮は多くの「道標」を遺《のこ》している。その道標こそ日蓮の認《したた》めた、いわゆる「日蓮遺文」である。日蓮は仏教者として釈尊の真意に随順し、動乱の世に生きる人びとの苦悩に真っ直ぐに立ち向かった。その真っ直ぐさ故に「過激な僧侶」また「排他的人物」として受け止められがちではあるが、それは人びとの悩みや苦しみ、悲しみを自らのこととして受け止め、そしてそれらに寄り添いながら解決しようとする大きな「優しさ」の裏返しであったと筆者は考える。であるから、混迷をきわめる今、「日蓮聖人御降誕八〇〇年」の今だからこそ、再度人びとに日蓮の言葉をお届けする必要があると考えるのである。

本書の概要として、まず始めに日蓮の生涯を「評伝」という形でまとめた。この部分は『仏教の教え　釈尊と日蓮聖人（改訂版）』（春秋社）などを基として筆者が日蓮宗長崎・熊本教化センター発行『日蓮宗いきいきマガジン　あんのん』において連載した「日蓮聖人伝」（全十七回）に加筆・訂正を加えたものである。次に「日蓮遺文にふれる」として、いわゆる「日蓮遺文」とは何かを、先行研究書（「主要参考文献一覧」参照）によりできるだけ平易にまとめ、概観した。そして本書の中心となる「信仰とその教え」（日蓮のことば）を収録した。この部分は信行編と生活編の二つに分けており、特に生活編は現代社会を生きる人びとが抱える主な悩みを取り上げた。これは実際に筆者周辺の人に聞き取りを行い、抽出した主な悩みを紹介し、そしてその答えとなる日蓮遺文を選択して「意訳・見解」を付した次第である。故に日蓮遺文に初めて触れる方にも親近感を持って頂けるように努めた。日蓮遺文の引用においては適宜校訂を加えた。また書き下し、送り仮名などを補った部分もある。日蓮の生涯、信仰と教えなどで引用する日蓮遺文や現代語訳については立正大学日蓮教学研究所編

『昭和定本　日蓮聖人遺文』全四巻（身延山久遠寺）や『日蓮聖人全集』全七巻（春秋社）、また渡邊寶陽・関戸堯海・高森大乗著『全篇解説　日蓮聖人遺文』（校成出版社）などを参照した。また日蓮遺文引用部分には先の『昭和定本　日蓮聖人遺文』の頁数を「定本」として示した。さらに語句解説などは日蓮宗事典刊行委員会編『日蓮宗事典』などに依った。最後に資料として日蓮の略年譜と、日蓮やその弟子らゆかりの寺院（日蓮宗寺院）紹介を収録した。

本書でも触れるが、近世末期の在家日蓮信奉者の一人である小川泰堂《たいどう》という人物は当初、日蓮が大嫌いであったという。しかし何の気なしに本屋に立ち寄り、日蓮遺文に鏤《ちりば》められた文言に深く感銘を受け、これがきっかけとなって深い法華信仰へと入っていくのである。他宗教や他宗派の信仰を持つ方にも試しに一度、日蓮遺文を読んで頂きたい。そして現代社会に生きる一人として「気づきの一つ」を心に刻んでほしい。必ず「日蓮のことば」は人びとの心に響く、そして安心を与えてくれるものであることを強調して、本書「はじめに」の言葉としたい。

最後に、筆者は日蓮宗の教師である。本来ならば宗祖の「お言葉」をかりる身として尊称や敬語などを用いるべきであるが、先にも記した「お言葉をお届けしたい」との想いから、読者に抵抗感をなくして頂きたく、敢えて本書の大部分でそれらを省かせて頂いた。逆にそれに「違和感」を持たれる方も多いと思うが、何卒この点についてご理解を頂きたい。

日蓮の足跡

日蓮とは、どのような人物であったと思われるだろうか。おそらく、多くの方が「厳格で頑固な僧侶」というイメージを持たれるのではないか。しかし、そのようなイメージとは裏腹に、日蓮が記した書状など（総合して「遺文」と称される）には、嫋《たお》やかな言葉をみることができ、これより、大変柔和で優しい性格であったとわかる。

いうなれば「剛」と「柔」という二律背反する人物像。この両面を繙《ひもと》くためにはまず、日蓮の足跡を一つひとつ振り返ることが不可欠である。そこで本章では日蓮が生きたその当時の歴史的背景も盛り込みながらその生涯を辿っていきたい。

出生、出自に関する謎

武家政権である幕府が台頭し、既存政権であった朝廷と重層的支配社会が形成された鎌倉時代。承久《じょうきゅう》三年（一二二一）にはその社会体制に優劣を決する承久の乱が起き、敗れた後鳥羽上皇は隠岐島へ、順徳上皇は佐渡国へ、また土御門上皇は自ら申し出て土佐へ配流された。さらに仲恭天皇は幕府により廃位させられるなど朝廷の力は弱体化、武家政権である幕府の支配力は増していくのであった。

このような時代であった貞応《じょうおう》元年（一二二二）二月十六日に日蓮は生まれたと伝わる。貞応元年は四月十三日に改元されており、改元前は「承久四年」であった。したがって正確には承久四年に誕生したことになるのだが、一般的には改元後の元号をとって貞応元年の生まれとする。

実は生まれた年月日を日運は自ら記録していない。これは初期の日蓮の伝記である『御伝土代《ごでんどだい》』や仮託遺文である『法華本門宗要鈔』などからみることができる。『御伝土代』には、「後のほりかわのいんの御宇貞応元年二月十六日たんしやうなり」とあり、『法華本門宗要鈔』には「貞応元年壬午二月十六日午剋生」と誕生時間の記述も確認できる。そしてこれらは日蓮滅後の初期教団内での伝承であることから、最初期の弟子や檀越らの間で日蓮の誕生についてどのように伝承されていたのかをうかがい知ることができる。ちなみに〝仮託〟とは「ことよせる・かこつける」という意味であり、したがって『法華本門宗要鈔』は日蓮による書ではなく、偽書（日蓮が書いたとする他筆書）である。

誕生寺祖師堂

誕生寺の日蓮聖人御幼像

一方、出生地については、日蓮自身が遺文に記述している。遺文『妙法比丘尼御返事《みょうほうびくにごへんじ》』では安房国、また『本尊問答抄』では安房国長狭郡東条郷片海《あわのくにながさのごおりとうじょうのごうかたうみ》とあり、現在の千葉県鴨川市域から天津小湊周辺が想起される。現在、日蓮宗の大本山誕生寺《たんじょうじ》が建立され、この寺地が日蓮誕生の地と思われがちであるが、実は度重なる地震や津波などの影響を受けて誕生寺は二度の移転、再建・復興を経て現在の地に移っており、日蓮生誕の地は現在海中に没していると伝わる。

このように日蓮の出生は多くの謎に包まれている。先の生年月日のみならず、他にも出自などに関しても明瞭ではない。次にこの点についてみてみたい。古来、出自についてさまざまな説が提起されてきたが、ここでは先行の日蓮研究を基として現在伝えられている四つの説をピックアップして紹介しよう。

①賤民説

日蓮は自らの出自について、

「日蓮は安房国東條片海の石中の賤民が子也」（『善無畏三蔵鈔』）

（現代語訳）「日蓮は安房国東條片海の海辺の賤民の子である。」

「日蓮は東海道十五ケ国内、第十二に相当安房国長狭郡東條郷片海の海人が子也」（『本尊問答抄』）

（現代語訳）「日蓮は東海道十五ヶ国のうち、第十二番目に当たる安房国長狭郡東条郷片海の漁師の子である。」

「日蓮は日本国東夷東條安房国海辺の旃陀羅が子也」（『佐渡御勘気鈔』）

（現代語訳）「日蓮は日本の東国である東条安房国海辺の旃陀羅（生き物を殺し、その肉などを売ることなどを生業とする者）の子である。」

と記している。ここで注目したいのは、『佐渡御勘気鈔』の中の「旃陀羅《せんだら》」という言葉だ。この「旃陀羅」とは、猟師や屠殺《とさつ》を生業とする人びとを指す言葉で、当時は賤しい身分とみなされていた。この「旃陀羅」という言葉と、生まれた土地が海辺であったということから、日蓮は「漁師の家の出」という答えに辿り着くことができよう。当時は、身分による差別が激しかった時代である。それにもかかわらず、あえて自らの出自を「旃陀羅」また「賤民」と明記したことには注目せざるを得ない。

②権守・名主説

「権守《ごんのかみ》」とは、一般的には国司の長官である「守《かみ》」の権官《ごんかん》をいうが、『多古町史』などによれば鎌倉時代の村落においては名主層の名であったとある。日蓮の出生地が海辺ということから漁業権を持つ階層生まれとの説が提起されており、実際に『法華本門宗要鈔』にも、

「然るに出生の処は安房国長狭郡東條小湊の浦の釣人権頭之子也」

（現代語訳）「（日蓮の）出生地は安房国長狭郡東条小湊の浦、海辺の漁業権を有する権頭の子である。」

とある。

③武家説

日蓮宗において最も有力視されているのが武家出身説である。例えば、室町期を代表する学僧であり、身延山久遠寺第十一世行学院日朝《ぎょうがくいんにっちょう》は『元祖化導記』の中で、遠江（現在の静岡県）の貫名五郎《ぬきなごろう》重実《しげざね》の次男、次郎重忠《しげただ》が父親であるとし、日朝と同時代の学僧であった円明院日澄《えんみょういんにっちょう》もまた『日蓮聖人註画讃』の中で同様に記し、母親は清氏（清原氏）の生まれであると記している。

④公家・皇胤説

江戸時代を中心に伝承される説が公家・皇胤《こういん》説である。身延山久遠寺第三十二世智寂院日省《ちじゃくいんにっせい》による『本化別頭高祖伝』や同三十六世六牙院日潮《りくげいんにっちょう》による『本化別頭仏祖統紀』には日蓮の俗姓（父姓）が藤原氏であると記され、また在家の日蓮信奉者である深見要言《ふかみようごん》が著した『高祖累歳録《こうそるいさいろく》』にも仮託遺文である『聖人系図御書』などを根拠として公家の出自であるとする説が記されている。

その他にも「荘司・荘官説」なども提起され、こうしてみると古くより日蓮の出自についてはさまざまな捉え方がされてきたということがわかる。

最後の公家や皇胤説については、後世の人びとが日蓮の身分を高めようとする意図から挙げられた説であろうと推察できるが、その他の説については、後述するが日蓮の生涯から諸説提起の理由を看取できる。ここで重要なのは、日蓮は自ら「賤しい身分の生まれである」と示したことだ。その理由として考えられるのは「賤しい身分の出身であるが、釈尊の真意を顕かにした（真実の）経典である法華経を理解することができる。いかにいわんや、皆が出来ないはずはない」という、法華経に対する絶対的な帰依を皆に貫徹させるため、また釈尊の真意に随順するという日蓮の想いがそこには込められているのではないだろうか。故に自らのことは「二の次」であり、信仰すべきは「釈尊」、依るべき経典は「法華経」という意味でも自らの生年月日や出自について詳細に述べることはないのであろう。

登山と修学

日蓮は幼名を「善日麿《ぜんにちまろ》」（「薬王丸《やくおうまる》」とも）といった。幼い頃より何事にも興味を持ち大変聡明な子であったようで、前述の『日蓮聖人註画讃』や身延山久遠寺蔵『日蓮聖人伝絵巻』などの、後世の日蓮伝記物にはその様子を記したものが数多く存在する。

さて、幼き日蓮は十二歳になると、地元の名刹であった千光山清澄寺《せいちょうじ》に登り、読み書きなど、いわゆる初等教育を受けるようになった。ちなみにこの清澄寺は現在、日蓮宗の大本山であるが、日蓮宗に帰属したのは昭和に入ってのことで、江戸時代は真言宗、日蓮が登山した時は天台宗の寺院であったという「改宗の歴史」を有する。当寺において幼い日蓮は浄顕房《じょうけんぼう》と義浄房《ぎじょうぼう》という二人の僧の導きを受け、あらゆる物事を学んでいくのであった。当時、在地官僚や武士などの子弟は初等教育を受けるため在俗の知識人や僧侶から学問の手ほどきを受けるのが一種の「たしなみ」となっていたという。日蓮がしっかりとした初等教育を受けられたということは、ある程度の階級（武士や名主など）の子弟ということを意味しており、したがって先ほど述べた出自の話に戻るが、日蓮はある程度以上の身分（武士や在地官僚などか）の出であったといえよう。

出家とその動機

学習の場は寺院であり、教導に当たったのは僧侶という学修環境に身を置く日蓮が、ある程度の識字能力がつけば当然のごとく、次は仏典を使用した学習に入るわけである。このような学修の日々を送る日蓮の思考が自然と宗教的なもの、とりわけ仏教的なものへと変化していくのに時間はそうかからなかったであろう。仏教は「八万法蔵《はちまんほうぞう》」と称されるほど非常に多くの教典などがあり、学べば学ぶほど、その教えの奥深さや多様性を知ることとなる。釈尊の伝えたかった真の「道」とは何か、日蓮は仏教にのめり込み、仏教の肝要を知るためには在俗の身では限界があると遂に出家を念願するようになるのであった。つまりここに日蓮出家の動機の一つと挙げられる「主知的学問的欲求」を見ることができるのである。

また日蓮を出家へと導いたもう一つの理由として挙げられるのが、自身が感じていた「この世に対する無常」観であった。人間の「生死の無情」の問題が宗教の問題としてだけでなく、人間としての問題としてその両肩に重くのしかかったのではないかと古来提起されている。現代では哲学やスピリチュアルなどがこの問題に答えを出す担い手となっているが、近世以前では宗教がその役割を果たすものとされていたという。この問題に答えを見出そうと日蓮はさらなる学問研鑽を志し、出家を念願したのである。『破良観等御書《はりょうかんとうごしょ》』に、

「大虚空蔵菩薩の御宝前に願を立て、日本第一の智者となし給へ。十二のとしより此願を立つ」

（現代語訳）「虚空蔵菩薩の御宝前において、日本第一の智者となしたまえという祈願をたてた。」

とあるように、仏教の深奥を理解し、また種々の問題に対する答えを導き出すほどの智慧を持った「日本第一の智者」となれるように願ったことを日蓮自身は後に述懐している。ここから日蓮の「出家の強い決意」を感じ取ることができる。

出家への想い強い日蓮は、真っ先に学問の手ほどきの師匠であった浄顕房と義浄房に相談したで

あろう。そしてこの二人はある人物を日蓮と引き合わせることにしたのである。それこそが清澄寺の道善房《どうぜんぼう》という僧であった。

嘉禎《かてい》三年（一二三七）、道善房を師として、正式に出家の時を迎える十六歳の日蓮。すでに清澄寺である程度の読み書きはマスターしていたとはいえ、それはあくまで初等教育をベースとした学問にとどまっており、出家するということは学匠《がくしょう》の卵として清澄寺にて学だけでなく、行の研鑽にもつとめなくてはならなかった。つまり、これまで以上に厳しい生活を強いられるようになったのである。しかしそれと同時に、これまで以上に仏教を学ぶことができる環境に身を置けることから、いうなれば「求法者」としての第一歩を歩み始めたのであった。

日蓮の「出家の師」となった道善房にはすでに弟子があった。その弟子こそが日蓮の初等教育の師である浄顕房と義浄房で、日蓮より相談を受けた二人は自らの師と日蓮を引き合わせたのである。そしてこの出家を契機に二人の師は兄弟子となるのであった。もしかすると出家の願いを察した二人が自らの師を日蓮と引き合わせたのかもしれない。

出家後、日蓮は「房号」を「是聖房《ぜしょうぼう》」、「僧名」を「蓮長《れんちょう》」と称した。「房号」については嘉禎四年（一二三八）に書写された『授決円多羅義集唐決《じゅけつえんたらぎしゅうとうけつ》』の奥書に「是聖房生年十七才」と、また僧名についてのは仁治《にんじ》三年（一二四二）の著作『戒体即身成仏義《かいたいそくしんじょうぶつぎ》』奥書に「安房国清澄山住人　蓮長撰」とあることから、「是聖房蓮長」の名を知ることができるのである。

出家時の修学内容

出家をし、よりいっそう学問（仏教）研鑽に励むようになった日蓮。当時の清澄寺は天台宗寺院であったことから、出家直後は「天台教学」を中心に学んでいたと考えられる。しかし『南條兵衛七郎殿御書』には、「法然善導等がかきをきて候ほどの法門は日蓮らは十七八の時よりしりて候き」（現代語訳「法然や善導などが書き記した法門などは、日蓮自らは十七、八歳の時から知っていた。」）と記載していることから、浄土教学も学んでいたとわかる。鎌倉時代の仏教研鑽方法は諸宗派の教学を併せて（兼ねて）学ぶという「諸宗兼学《しょしゅうけんがく》」が重視され、また当時一世を風靡していた教学は「浄土（念仏）教学」であった。故に清澄寺という天台宗寺院でも「浄土教学」などが学

清澄寺本堂

ばれており（出家の師、道善房もまた念仏者であった）、日蓮も他の僧と同じく、仏教諸宗派の教学を学び、また天台教学と同時に浄土教学も修学していたのであった。

鎌倉への遊学

驚くべきスピードで修学していく日蓮は清澄寺での日々に限界を感じるようになる。学問的欲求を満たすべく切磋琢磨してくれる同学僧もなく、また自らの仏教的疑問を解決に導いてくれる師匠に出会うこともなかったことが大きな原因であろう。日蓮は鎌倉への遊学を志すようになるのであった。当時の鎌倉は幕府が開かれた、新興都市とはいえ武家政治の中心地であった。ここであれば自らの学問的欲求や生死の疑問が解けるのではないかと考えた日蓮は、出家の師である道善房の許しを得て一路鎌倉へ向かうのである。鎌倉での学問研鑽の中心は浄土教学と禅教学。結論的にいえばここでの学問研鑽も日蓮の想いを満たすものではなかったが、ここで日蓮は大きな信仰的ターニングポイントを迎えることとなる。それは念仏浄土教学を捨てるというものであった。

当時の鎌倉では大阿《だいあ》という人物が多くの民衆へ浄土教学を説き、尊崇を集めていた。しかしこの大阿が臨終を迎えるにあたって吐血し、苦しみもがきながら死んだというのだ。浄土信仰、阿弥陀信仰の証は臨命終時の瑞相《ずいそう》（簡単にいえば「安らかに死ねる」ということ）とされる。しかし真っ先に安らかな臨終を迎えるべき高僧・大阿が、散乱しながら息を引き取ってしまった。日蓮は大阿の死を聞知したと伝わり、この体験が基となって「浄土信仰で人は救われるのか」と浄土教学へ疑問を抱くようになる。そしてその疑問は晴れることなく、日蓮は念仏浄土教学を捨てることになるのであった。

日蓮は三、四年の鎌倉遊学を終え、一路清澄寺に戻ることとした。そして鎌倉での研鑽内容をまとめるのである。

いざ京畿・叡山へ

出家の地、清澄寺に戻った日蓮は、鎌倉遊学の経験を基に処女作『戒体即身成仏義』を著し、ここで文字を通して初めて念仏を批判するのであった。そしてよりいっそう学問に打ち込もうと、文化・仏教の中心地、京畿地方への遊学を決心するのである。

日蓮は「叡山・薗城・高野・京中・田舎等処処に修行して自他宗の法門をならひ」（現代語訳「叡山を中心として園城寺・高野山などにおいて天台宗・真言宗などの教義・教学を学び、さらに京都や地方の寺々で諸宗の教義を修学した。」『破良観等御書』）と記しており、この京畿遊学で自宗であった天台の教学のみならず、さまざまな寺院にて多種の教学を学ぶ。特にこの頃には真言教学や、さらに外典（主に儒教）や世俗の法（一般教養や書の作法、さらには裁判などの知識）も学んだという。そしていよいよ当時の仏教における最高学府・比叡山へと向かうのであった。

さて、日蓮は比叡山での学問を心待ちにしていたが、やはり学問的欲求を満たしてくれる師や同学僧と出会うことはできなかった。また東国出身者ということで「言葉の問題」などが要因となり、当時の比叡山での学風に乗ることができず、疎外感を味わうこととなる。そして次第に経（経典）・論（論書）・疏《しょ》（注釈書）の閲読を通じての学問研鑽に励むようになるのであるが、これによって「諸宗が乱立しているが、その中心となるべき教宗が不在だ」と気付く契機を得るのであった。釈尊の真意（釈尊が本当に伝えたかったこと）とは何か、この疑問を払拭しようと、さらなる仏典の閲読に励む日蓮であった。

現在、比叡山の大講堂内には日蓮の肖像画が掲げられ

比叡山根本中堂

ている。そしてその周りには「鎌倉新仏教の祖師」と呼ばれる高僧らの肖像画も掲げられている。それは日蓮だけではなく、時の高僧たちが一様に比叡山で学んだことを意味し、これより比叡山が当時の仏教の最高学府であったことをうかがい知ることができる。

『法華経』との出会い

日々、仏典と格闘する中で、ついに日蓮は『涅槃経《ねはんぎょう》』の「依法不依人、依義不依語、依智不依識、依了義経不依不了義経」という経文（法四依）と出会う。これは、「法を依りどころとし、人を依りどころとしてはいけない。義を依りどころとし、言葉を依りどころとしてはいけない。智恵を依りどころとし、知識を依りどころとしてはいけない。釈尊の完全な教説を依りどころとし、そうではない教説を依りどころとしてはいけない」という意である。この経文と出会ったことで、師（人）について学ぶのではなく、釈尊の真意に依るべきであり、仏典の閲読を中心とした自らの学問研鑽方法が間違っていなかったと実感するのであった。そして同時に言葉や知識に依るのではなく、正しい釈尊の教説に依らなければならないと誓うのであった。続いて法華経の開経（『法華経』につながる以前段階の経典）である『無量義経《むりょうぎきょう》』の「四十余年未顕真実」の文、つまり「法華経が説かれる以前の諸経は人びとの理解能力や質問に合わせて法を説いてきたために、完全なものではない」という文章から、法華経こそが釈尊の教説を完全に説き明かした経典であり、諸経諸宗（釈尊の説かれたさまざまな教経と、それを基として開宗された多くの宗派）の中心となる、釈尊の真意は法華経にあるのだと日蓮は見いだしたのだった。

法華経が説かれる以前は、対告衆（釈尊の教えを聞きに集まった聴衆）の問いに答える形で法が説かれるスタイルが主流で、つまりその教説の内容は釈尊の真意の「言葉」ではなく、必然的に問うた人物の素質や能力に応じたものとなる。このような説法の方法を「対機説法」と呼ぶのに対し、法華経は誰からの問いもなく、釈尊がいきなり法を説くスタイルをとり、「無問自説」と呼ばれる。つまり、聞く側の素質や立場などを踏まえたものではないため、釈尊の「言葉」がそのままダイレクトに説かれる故に、法華経は釈尊の真意の「言葉」といえる。さらに法華経では、それ以前の経典で成仏することのないとされていた「二乗《にじょう》」（声聞乗・縁覚乗の者たち）の成仏（「二乗作仏」）も説示されることより、仏教の世界観である「十界」すべての者の「等しい成仏」が完成する。つまりこれにより法華経は絶対平等の教えであるといえるのである。

諸経諸宗の中において釈尊の真意は法華経にある、との答えに辿り着いた日蓮は清澄寺へと帰山する。そして道善房の依頼により、初の法座に臨むことになるのだが、日蓮は一つの苦悩を抱えていた。それは釈尊の真意が法華経にあることを、人びとに伝えることについての「信仰上の葛藤」であった。先にも述べたが当時の仏教界は「諸宗兼学」という風潮が強く、その中でも浄土教学への信仰が中心であった。それらを否定し、法華経が釈尊の真意であると言い切ってしまうことは自分ばかりか周囲にまで種々の迫害などを生じさせる危険な行為であった。後に日蓮はこの時の葛藤について『開目抄』の中で、

「日本国に此をしれる者、但日蓮一人なり。これを一言も申し出すならば父母・兄弟・師匠に国主の王難必来るべし。いわずば慈悲なきににたりと思惟するに、法華経・涅槃経等に此二辺を合せ見るに、いわずわ今生は事なくとも、後生は必無間地獄に堕べし。いうならば三障四魔必競起るべしと知ぬ。二辺の中にはいうべし」

と述懐している。つまり「釈尊の真意を述べることは父母や師匠にまで迫害を生じさせることとなる。しかし、釈尊の真意を知りながら、それを明らかにしなければ今生にて害がなくとも、必ず後生に

て地獄に墜ちる」と考えたのだ。日蓮は苦悩した結果、釈尊の真意を明らかにし、この法華経を弘めていこうと「死身弘法」の決心をするのであった。

こうしてここに日蓮の、「求法者」（法を求める者）から「弘法者」（法を弘める者）へと転換を見ることができ、この決意をもって建長五年（一二五三）四月二十八日の朝、清澄寺旭が森の山頂から、水平線に現れた朝日に向かって題目「南無妙法蓮華経」を十遍、声高らかに唱え、法華経弘通、「立教開宗」の決意を表明したのである。

清澄寺内の波紋

比叡山で学問を修めた学僧の話を聞こうと、また最新の仏教、特に浄土教学や禅などの話を聞くことができるかもしれないという期待を抱いた聴衆はこぞって清澄寺に集まってきた。この法座の場で日蓮は聴衆の期待に反して「法華経は、われわれが依るべき経典であり、人びとが救済される真実の法である」と説くのだった。またその一方で、諸宗を批判し、特に浄土・念仏信仰の誤りを強く批判した。この説法を聞いた人びとは動揺し、清澄寺における高位の僧であり、念仏者であった円智房《えんちぼう》・実城房《じつじょうぼう》は師である道善房を叱責した。そして彼らが教え導いていた地頭・東条景信《かげのぶ》に要請し、清澄寺内における動揺の鎮静化、また日蓮を清澄寺から退出させようと画策するのであった。

東条景信の怒り

東条景信は、安房国東条郷に本拠を置く武士で、地頭として同地を治めていた。当時、地頭の在地支配力は大きく、その権限を利用して勢力（領地）拡大を図るなどの行為が横行していたという。景信もそのような地頭の一人であったようで、要請があったとはいえ、不殺生の聖域である寺中で清澄寺が飼っていた鹿を殺すなどの横暴を繰り返し行い、「こうなりたくはないだろう」と武力で日蓮の発言になびいた清澄寺の一部の僧らに念仏信仰を強要したという。

もともと熱心な念仏者であった景信は説法の内容を聞き、自らの信仰を否定する日蓮に対して深い憎悪の念を抱いたようだ。だが単に自身の信仰を踏みにじられたからという理由だけが憎悪の根源ではなく、その他の要因も複雑に絡んでいたのであった。

勢力拡大を図る地頭の一人でもあった景信は、他の地頭と同じように、他領地侵略を企てていた。景信が狙った領地というのが清澄寺・二間の寺を含むといわれる領地で、この地を管理していたのは「領家の尼」と呼ばれる人物であった。この領家の尼は、日蓮の清澄寺登山の斡旋や遊学の学費を援助したといわれる人物で、また日蓮の両親も多大な恩を受けていたといわれている。そして早くからの日蓮の信者でもあり、宗教的にも世俗的にも極めて日蓮と近しい人物であったとされる。領家の尼が女性だということもあったのか景信は執拗《しつよう》にこの領土を狙い、領地を巡る争いはますます過熱した。日蓮は京畿遊学中に問注（裁判）に関する知識を身に付けており、領家の尼に対して本件を問注に持ち込むように助言するのみならず、さまざまなアドバイスをしていたようだ。その甲斐あってか、この係争地は瞬く間に領家のものとなった。つまり景信は「信仰」という自身が大切にしてきた内面と、「地頭」としての立場という外面の、両方を日蓮に踏みにじられたのである。彼にとって日蓮は憎き「怨敵」であり、この恨みの念は更に深まっていくのであった。

「日蓮」の名と二度目の鎌倉

東条景信からの外圧、そして円智房・実城房による師・道善房への圧迫などによって、日蓮は清澄寺を追われることとなる。清澄寺を退出した日蓮は鎌倉へと出て、この頃を前後して名を自ら「日蓮」と改めたようだ。この名について大檀越である四条金吾の妻に与えた『四條金吾女房御書』に、

「明かなる事日月にすぎんや。浄き事蓮華にまさるべきや。法華経は日月と蓮華となり。故に

妙法蓮華経と名く。日蓮又日月と蓮華との如くなり」

（現代語訳）「明らかなることは太陽や月のようであり、清きことは蓮華のようである。法華経はまさしくこの太陽と月と蓮華のようで、故に妙法蓮華経というのである。日蓮の名も同様に、太陽と月、そして蓮華の如くである。」

とあり、妙法蓮華経如来神力品の文「如日月光明　能除諸幽冥　斯人行世間　能滅衆生闇」から「日」を、そして妙法蓮華経従地涌出品の文「不染世間法　如蓮華在水」より「蓮」を取り、両字とも法華経に由来するとしている。

さて、鎌倉に到着した日蓮は、名越《なごえ》の松葉谷《まつばがやつ》付近に草庵を結んだ。この名越という地は北条氏の有力氏族である名越氏の領地で、軍事的な要所でもあったという。この草庵を拠点として日蓮は法華経の弘通に専念する。当時の説法内容は法華経受持（法華経信仰）の勧奨と諸宗批判であり、この説法内容に当時一大隆盛を誇る念仏を信仰する者たちはさまざまな反感を示すのだった。

ではなぜ日蓮は多くの反感を買いながら諸宗批判を続けたのだろうか。その理由は人びとに法華経信仰を貫徹させるためであるともいわれるが、日蓮が他宗の高僧らは宗派を開いた由来（依経）をそれぞれの意趣によって選択しており、釈尊の意志に随っていないと見抜いたからといわれる。つまり各宗派の開祖は自らの理解によって依るべき教えを選択しており、釈尊の真意を蔑《ないがし》ろにし、歪曲したからというのだ。これこそが日蓮が主張する釈尊の真意（正法）を誹謗する行為（謗法）であり、いずれにしても批判や迫害をものともしない日蓮の法華経至上主義ともいえる信仰の一端をここに垣間見ることができよう。

この鎌倉での法華経弘通は日蓮にとって悪しきことばかりではなく、〝大きな収穫〟もあった。後の日蓮教団を支える重要な人物が入信したのである。代表的な人びととしてあげられるのが、弟子の日昭《にっしょう》や日朗《にちろう》（当時の名は吉祥丸）、大檀越の富木常忍《ときじょうにん》・大田乗明《おおたじょうみょう》・曾谷教信《そやきょうしん》である。日昭・日朗は、日蓮滅後の教団を支える六人の高弟（六老僧）に選出され、富木常忍・大田乗明・曾谷教信も難解な日蓮教学を理解できる数少ない檀越として、先の二人同様に初期教団の中において重要な役割を果たしている。その後も四条金吾や工藤吉隆、南条兵衛七郎なども次々と入信し、ここに最初期の教団形成をみることとなる。

災害の続出

日蓮が鎌倉にて法華経弘通を始めた頃と前後して、鎌倉では浄土宗や禅宗などの大寺院が次々と建立され、さらに時の日本仏教を代表する高僧らが、あらゆる方法で為政者と結びつき、それを足がかりとして布教地域を拡大していた。また鎌倉新仏教だけでなく、旧仏教であった天台宗や真言宗も同様の動きをみせており、さながら鎌倉は「仏都の観を呈していた」と伝わる。

そのような頃を境として、鎌倉を含む東国においてさまざまな自然災害が頻発するのであった。この状況を目の当たりにした日蓮は「なぜ仏法の盛んな日本で、災害が続出し人びとが苦しまなければならないのか」と考えるようになる。鎌倉で活動していた日蓮は被害者の一人として、『安国論《あんこくろん》御勘由来《ごかんゆらい》』にあるように、

「正嘉元年〈太歳丁巳〉八月廿三日戌亥の時、前代に超えたる大地振。同二年〈戊午〉八月一日、大風。同三年〈己未〉大飢饉。正元元年〈己未〉大疫病。同二年〈庚申〉四季に亘つて大疫やまず。万民すでに大半に超えて死を招き了んぬ。しかる間、国主これに驚き、内外典に仰せ付けて、種種の御祈禱あり。しかりといえども、一分の験《しるし》もなく、還つて飢疫等を増長す。」

（現代語訳）「正嘉元年（一二五七）八月二十三日午後九時頃、前代未聞の大地震が発生した。また同二年八月一日には大風が、同三年には大飢饉、正元元年（一二五九）には大疫病が、さらに同二年には四季を通じて大疫病が止むことはなかった。この続出する災害によって日本の人びとの大半は死を迎えてしまった。このような状況に、国主は大いに驚き、日本仏教各宗の寺院や神社、さらに儒教の人びとなどに命じ、種々の災難に対し祈禱を行わせたのである。しかし、少しもその効験はな

く、かえって飢饉・疫病を増すばかりであった。」

と、日照りや地震、暴風雨や疫病が絶えなかった当時の様子に、仏教者として向き合う決意を固めるのであった。

日蓮は駿河国岩本の実相寺《じつそうじ》（当時天台宗）に赴き、一切経蔵に籠もり、経典の閲読を通じ、このうち続く自然災害の答えを探し始める。最初は法華経関係書物を中心として閲読するが、答えに通じるものは見あたらず、そこで「鎮護国家の経典」と呼ばれる『金光明最勝王経』・『仁王般若経』・『大集経』・『薬師経』などにその答えを求めるのであった。さらに仏教以外の典籍にまで及んだ経典閲読によって、ついにこの度の災害が尋常ならざることを知り、正元元年（一二五九）、『守護国家論』を執筆し、法然浄土教をこれまで以上に激しく批判するのであった。また翌年の文応元年（一二六〇）には、『災難興起由来』・『災難対治鈔』を執筆。災難興起の由来（自然災害多発の原因）は念仏の隆盛にあり、正法である法華経の流布が念仏によって妨げられていることを明らかにし、災害の終息には法華経への帰依のみだとの結論を表明。そしてこの三つの書が、一大著作である『立正安国論』へとつながっていくのであった。また、この頃、後の六老僧の一人となる日興が入門した。

『立正安国論』の上呈

『守護国家論』、『災難興起由来』、『災難対治鈔』が基となって完成した『立正安国論』は文応元年（一二六〇）七月十六日に、北条一門宗家の直属の家人である「得宗被官」であった宿屋《やどや》入道最《にゅうどうさい》信《しん》を介して前執権である北条時頼に上呈された。時頼は当時すでに執権職を辞し、出家・入道（最明寺入道）となっていたとはいえ、未だ北条氏の家督である「得宗」の地位にあり、幕府やその他の要職に就く者へ意見を述べることができる、言うなれば最高実力者であった。時頼ならばこの重要性を感じ取ってくれ、何らかの対応をしてくれるのではないかという期待を日蓮は抱いて『立正安国論』を上呈したのである。

『立正安国論』の内容

『立正安国論』は客人が主人に対し「今の自然災害における人びとの苦しみは尋常ではない。これは如何なる理由か」と問いかけ、それに対し主人が答える「主客問答体」という形式で、十段落で構成されている。古来、主人は日蓮で、客人は時の為政者や幕府、また北条時頼であろうといわれている。つまりこの上呈で日蓮は国を諫暁するのであった。これが「余に三度の高名あり」といわれる「三度の国諫」の第一番目の諫暁である。

さて、簡単に本書の内容にふれてみると、正法である法華経が蔑ろにされ（正法廃棄）、今の人びとは法然浄土教や禅に帰依している（悪法帰依）。そのため、この国を守護している諸天善神が「国の護り」を放棄し（善神捨国）、同時に諸天善神と共にいた聖人《せいじん》たちもまたその場を去ってしまう（聖人辞所）。これによりあたかも「バリアがなくなった基地」のように悪鬼羅刹などが国に充満し（跳梁跋扈）、これらが蔓延したが故に、災難が続出（災難続出）しているのだというものだ。そして日本国は、経典に記される「三災七難」のうち、五難はすでに起こっており、残りの二難である「自界《じかい》叛逆難《ほんぎゃくなん》（内乱）」・「他国侵逼難《たこくしんぴつなん》（外国からの侵略）」も近い将来必ず起こると指摘している。数々の災難の原因を明らかにした日蓮は、特に法然の『選択本願念仏集《せんちゃくほんがんねんぶつしゅう》』（『選択集』）こそ正法を謗る《そし》（謗法）「悪書」であるとし、

「汝早く信仰の寸心を改めて、速かに実乗の一善に帰せよ。しかればすなわち三界は皆仏国なり。仏国それ衰えんや。十方は悉く宝土なり。宝土何ぞ壊れんや。国に衰微なく、土に破壊なくんば、身はこれ安全にして、心はこれ禅定ならん。この詞、この言、信ずべく崇むべし。」

と述べ、今すぐに法華経に帰依することこそが、日本国を災害から護る方策であり、これにより人

びとは救済されるのだとする。

日蓮はこのように仏教者として続出する災害に対し、経典の閲読を通じ解答を示したが、結果として、この書に対し時頼を含めた為政者側からの反応は何らもなかったのである。

松葉谷法難

文応元年（一二六〇）に『立正安国論』を上呈した後、日蓮は、人びとに『立正安国論』の内容を説き明かしながら法華経信仰を勧奨するようになる。この説法内容、特に念仏批判に対し怒った念仏者らは日蓮に対して法論（諸宗の教えに関する論争、対論）を挑むようになる。その代表格が道阿道《どうあどう》教《きょう》（新善光寺の住僧）や能安《のうあん》（長安寺住持）といった当時の念仏者らの尊崇を集めていた者たちで、彼らは一宗を代表するような高僧らであった。しかし彼らも日蓮の前では簡単に論破されてしまい、これによって日蓮は念仏者のみならず、他宗の高僧らからも恨みを買うことになってしまうのである。そしてその恨みは「大難四ヶ度、小難数知れず」と称される四大法難の一つ「松葉谷法難」という草庵夜襲へとつながっていくのであった。この襲撃は一般の念仏者らによって起こされたものであるが、その裏では時の為政者に取り入った他宗の高僧らの讒訴《ざんそ》（口汚く罵り訴える）や、北条氏の重鎮であり念仏者であった北条重時・北条長時親子の介入などがあったと伝えられている。

伊豆配流の罪状

文応元年八月二十七日の松葉谷草庵夜襲を命落とすことなく逃れた日蓮を待っていたのは、伊豆国への配流であった。松葉谷法難の翌年、弘長元年（一二六一）五月十二日、日蓮は幕府によって逮捕され、伊豆国伊東へ配流決定となる。これは実に理不尽なもので、問注所（裁判所）の吟味（罪状認否）なく執行された。日蓮も「理不尽なものであった」（『妙法比丘尼御返事』）と書き残しており、この配流が日蓮の生涯で最初の王難（公に加えられる難）となる。

伊豆国への配流理由として考えられるのは、まず『立正安国論』の上呈である。もし日蓮が言うように念仏信仰を放置することで災難が続出するならば、その放置の責任問題につながり、つまり幕府が、日蓮が災難の続出に対して放置の責任を宗教的に為政者に対して問うたと受け止めたのではないかといわれている。また当時幕府は『御成敗式目』を制定し、日蓮の諸宗批判を第十二条「悪口の咎の事」に抵触するものとしたと考えられる。さらに前述の執権北条長時が父である北条重時の信仰（念仏信仰）を慮ったのではともいわれている。ともあれ、「理不尽」の中、伊豆配流は執行されるのであった。

伊豆への出立とさまざまな伝承

伊豆配流に関してさまざまな伝承が残る。まず、いよいよ伊豆へ向かう当日、弟子の日朗が「自分も一緒に流してほしい」と日蓮が乗った配流船のとも綱にしがみついてきた。役人は六尺余りの櫂でしがみつく日朗の右腕を激しく打ち付ける。気を失わんばかりの日朗。その光景を見て日蓮は「これは法華経弘通によるものである。笑って見送るが良い」と日朗に伝え、師弟涙の別れとなったというものである。またこの伊豆配流にはもう一つの伝承がある。それが「俎岩《まないたいわ》と船守弥三郎夫妻」の話だ。海が荒れ、罪人と共に流されてはかなわないとばかりに付近にあった俎岩に日蓮を残し、役人たちは船を漕ぎ去ってしまった。このままでは海中に没するのも時間の問題という時に現れたのが船守弥三郎。日蓮の姿を見た船守弥三郎は自らの船に乗せ、地頭の外護を受けるまで夫婦で日蓮を三十日余りかくまったという。日蓮は後にこの二人に対し強い感謝の念、また深い徳を感じて自らの父母の生まれ変わりであると述べ、謝意を込めて法華経の功徳を説いた手紙(『船守弥三郎許御書』)を送ったといわれる。

地頭への祈禱と外護

さて、日蓮の伊豆国における預かりとなったのは地頭、伊東八郎左衛門尉祐光であった。伊東祐光は幕府内で重要官僚の地位にあったといわれるが、当時病床にあり、容体は悪化の一途をたどっていた。このような中、日蓮は伊東祐光に対し、当病平癒の祈禱を行った。この祈禱が功を奏し、回復した伊東祐光は日蓮に対し、感謝の気持ちを込めて海中出現の立像釈尊像を贈り、外護したと伝わる。この釈尊像は日蓮生涯の随身仏となり、後の佐渡での生活でも、また身延での生活でも、さらに日蓮が亡くなる際には枕元にと常に日蓮と共にあった随身仏となるのである。

法難と法華経の行者

日蓮は法難を自らが法華経の行者であるが故に起こったもので、さらに妙法蓮華経勧持品に示される「三類の強敵」(三類とは法華経の修行者に対して怨なす三種類の者。一、俗衆増上慢　二、道門増上慢　三、僭聖増上慢の者を指す）を顕すものとして受け止めた。

法難の数々は日蓮にとって、より一層「法華経こそが末法における衆生救済の教えである」という考えを強くする要因となっていく。そしてこの考えを五つの角度から説き示したのが「五義判」だ。これは遺文『教機時国鈔《きょうきじこくしょう》』に表明された日蓮独自の教判（教学）で、この五義とは、釈尊の教え（法）の浅深を明らかにし、一切経から法華経、つまり弘まるべき正法法華経を「教」とする。次に教えを受ける者の理解能力を「機」とし、法華経が弘まるべき時代、特に末法の今を「時」とする。そして、教えが弘まる国土、法華経に縁ある国土を「国」とし、そして教えが伝わる順序（教法流布の順序）を「序」として、この五つ（この内「序」は「佐渡配流」以後に「師」と表現され、法華経流布の使命を担う本化地涌の菩薩を指す）の要素をいい、そして日蓮はこの五義を布教・弘通の指針とするのであった。

伊豆配流時の仏教界の様子

伊豆への配流は弘長元年（一二六一）五月十二日から同三年（一二六三）二月二十二日までの約二年におよんだ。この期間の日本国内に目を向けると、浄土真宗の開祖である親鸞が亡くなっている。

また真言律宗の良観房忍性は念仏者であった北条重時に当病平癒の祈禱を行い、その師匠である叡尊も鎌倉において布教を行うなど、さまざまな宗派の高僧が鎌倉に下向し、再び多数の大寺が建立された時期であった。中でも忍性の活躍は目覚ましいもので、幕府上層部の外護と信仰を集め、それを「後ろ盾」として橋や施薬院などを建立して貧民救済を行い、当時の人びとから「生き仏」のように扱われていた。

しかしそれに反するように幕府の重要人物が同時期に次々と亡くなっていった。弘長元年十一月には忍性の祈禱虚しく、北条重時が病で死去。そして配流赦免の同年十一月には得宗北条時頼、翌文永元年（一二六四）八月には北条重時の子で執権職にあった北条長時が死去している。そして自然現象として文永元年七月五日には「文永の大彗星」と呼ばれる大彗星が東方に現れ、鎌倉にてこれを見た日蓮は今までにない「凶瑞」としてこれを受け止め（『安国論御勘由来』）、さらなる法華経弘通に邁進する決意を固めるのであった。

安房での弘通

文永元年九月頃、日蓮は安房国へ帰郷する。その理由は定かではないが、父の墓前に詣で、母の病を見舞うためであったと伝わる。病床に伏す母君の容態は日蓮の想像を遥かに超えるもので、重篤であったという。すぐさま日蓮は当病平癒を必死に祈り、その甲斐あって母は臨終の床より蘇生するだけでなく、その後四年も寿命を延ばすことができたという。このことは遺文『可延定業御書』などにも「されば日蓮悲母をいのりて候ひしかば、現身に病をいやすのみならず、四箇年の寿命をのべたり」とある。

母が平癒したのち、日蓮は安房国で法華経弘通に取り組んだ。当国における布教の拠点となったのが安房国東条（または西条）の花房の蓮華寺で、当寺は清澄寺の末寺と伝わる。この時、住持であった浄円房に法門を示し、さらに後の六老僧の一人である日向や、寺内で日蓮の教説に触れた者の多くが入信している。

さて、安房国における布教の大きな実りは日蓮にとって諸刃の剣となった。当地を治める地頭が「日蓮は自らの大敵」とする東条景信であったからだ。景信は「のこのこと舞い戻り、あまつさえまたもや批判を繰り返すとは！」と怒り心頭で、この怒りは日蓮四大法難の一つ「小松原法難」の引き金となる。

小松原法難

安房国にて花房の蓮華寺を拠点として活発に法華経弘通に励む日蓮は、十一月十一日、檀越の一人であった工藤左近将監吉隆の招きを受けることになる。この工藤吉隆は安房国天津の領主で、鎌倉で日蓮の教えに触れ、檀越となった人物であった。日蓮が伊豆国に配流となった時には、給仕を怠らず、日蓮は吉隆に『四恩抄』という遺文を送っている。吉隆が治めていた地は日蓮が滞在していた場所からほど近くにあり、日蓮の安房国弘通は早くにその耳に入っていたことだろう。吉隆の招きに応じた日蓮一行は、吉隆の屋敷に向かう途中か、はたまた帰りか、東条景信の一団に襲撃されるのであった。この法難について日蓮は、『南條兵衛七郎殿御書』に克明に記している。

「今年も十一月十一日、安房国東條松原と申大路にして、申酉の時、数百人の念仏等にまちかけられ候て、日蓮は唯一人、十人ばかり、もの丶要にあふものはわづかに三、四人也。いるやはふるあめのごとし、うつたちはいなづまのごとし。弟子一人は当座にうちとられ、二人は大事のてにて候。自身もきられ、打れ、結句にて候し程に、いかが候けん、うちもらされていままでいきてはべり。」

（現代語訳）「今年十一月十一日、安房国東条の松原大路という場所で、申酉の時刻（午後四～六時）、数百人の念仏者たちに待ち伏せられて襲撃された。これに対して日蓮の一行は自ら含め十人ばかり、しかも応戦できる者はわずかに三、四人であった。念仏者らの射る矢は雨のようであり、また打ちかかる太刀は稲妻のようであった。このような激しい襲撃を受け、弟子一人はその場で殺されてしまい、また弟子二人は重傷を負ってしまった。自らも切られ打たれ命を落とすことを覚悟したが、死をまぬがれて今までこうして生きのびている。」

この遺文には襲撃された時間も記されている。「申酉の時」とあるので、現在の時刻でいうと午後四〜六時頃であろうし、十一月十一日は現在の暦に換算すると日が早く暮れる十二月初頭頃で、これらより当時はかなり薄暗かったと思われる。十人ばかりの日蓮一行が安房国東条の松原大路に差し掛かった頃、東条景信一団は数百人の手勢で襲撃したのである。日蓮一行は多勢に無勢とはいえ何とか応戦。しかし、「ものの要にあうものはわずかに三、四人」という状況下、射る矢は雨のよう、打つ太刀は稲妻のような集中攻撃を受けた。弟子の鏡忍房日暁は即座に討ち取られ、また乗観房と長英房も重傷、さらに日蓮自身も頭の右から額にかけて一寸五分（約四・五センチ）の傷を受け、さらに左腕をも打ち折られたとある。現存する日蓮像の中には額に傷があるものがあるが、それはこの時に付いた傷を表現していると伝わる。

全滅寸前まで追いやられそうになった日蓮一行のもとに、突如工藤吉隆が現れた。吉隆は日暮れも近い時刻の東条景信一団による襲撃を知り、北浦忠悟・忠内などのわずかな手勢を率い、日蓮一行の元へと急いで駆けつけたのだ。東条景信一団は吉隆らの加勢に驚いたが、わずかな手勢などは「ものの数」ではなかったようで、この吉隆もこの最中重傷を負うのであった。しかし、景信らは軍勢を引き上げてしまう。日蓮一行に新たな加勢が参入したか、はたまた「降神の槇」伝説にあるように景信が落馬し、大将を失ったことにより統率がとれなくなったためなのか、詳細は不明だが、これにより日蓮は何とか一命を取り留めるのであった。

法難の霊地とその後の日蓮

東条景信らによる襲撃を受けた工藤吉隆は、日蓮に自らの妻の懐妊を告げ、もし男子ならば御弟子に加えてほしいと遺言を残し絶命する。日蓮は吉隆の不惜身命の行為に深く感謝し、「妙隆院日玉上人」と法号を贈り、僧礼をもって弔った。またその後に生まれた吉隆の子を遺言通りに弟子とした。この男児が後の刑部阿闍梨長栄房日隆である。日隆は父の殉教の地に一寺を建立。日蓮を開山、鏡忍房日暁を第二祖、父である妙隆院日玉（工藤吉隆）を第三祖と定め、自らを第四祖とし、この寺の山号を吉隆の院号から、また寺号を日暁の房号をもらい「妙隆山鏡忍寺《きようにんじ》」とする。この寺院こそが現在の小松原山鏡忍寺である。

さて、この法難直後の十一月十四日に、旧師道善房が花房の蓮花寺に現れ、十数年ぶりの再会となった。旧師道善房は傷を負った日蓮を労ったが、一方の日蓮は、「念仏の信仰を捨ててください。このままでは無間地獄に落ちることは明白でありますので、何卒法華経の信仰に入ってください」と強く念願する。しかし、道善房は日蓮の身を心配するばかりで、改宗することはなかったのだった。

その後、日蓮は鎌倉に戻り、文永二年（一二六五）に再び安房国に帰郷するが、その一方で、日本国の情勢を左右する大事件が発生した。そしてこの大事件が後の日蓮の状況も一変させるのであった。

蒙古国牒状、到来

文永五年（一二六八）正月。蒙古の牒状が高麗の使者により太宰府へともたらされた。蒙古国は当時、ユーラシア大陸を横断するほど勢力を拡大しつつあり、ヨーロッパにもその触手がおよぶほどの世界有数の国力を有していた。高麗は既に属国化しており、蒙古の国領は東西にわたり、まさしく名実ともに「世界帝国」となっていた。

太宰府に届いた蒙古の牒状は、閏《うるう》正月十八日に鎌倉幕府へと渡った。幕府はすぐさま評定を開いたが意見が折り合わず、朝廷へと回すこととなる。朝廷もまた即刻に評議はするものの、あまりにも急な事態であったためか、対応に苦慮せざるを得なかった。

現在、この牒状の内容は、日本に通交を求めたものであったとされる。しかし「誰も武力行使を望んではいない。それをよく考えなければならない」との記載があり、これを幕府や朝廷は「日本に服従を求め、攻めてくるのではないか」と受け止めたのだった。その後、朝廷や幕府は蒙古に返書しないことを決定し、二月二十二日には朝廷が伊勢神宮をはじめ諸国の社に命じて異敵降伏の祈禱を、また幕府も寺社に対し異敵降伏の祈禱を命じると同時に、海岸線の国々に対して防衛体制を整えるように命令するのである。このような対応をみると、蒙古からの牒状が日本にどれほど大きな衝撃を与えたかが想像されよう。

蒙古の牒状到来は、早くに鎌倉の人びとの知るところとなったといわれている。当然日蓮の耳にも入り、この状況を日蓮は北条時頼に上呈した『立正安国論』において記した未発生の二難の内のひとつ、「他国侵逼難」が目前にせまるものとなったと受け止めた。日蓮はすぐさま『立正安国論』の主旨をまとめた書状を、幕府・為政者をはじめとして諸方へと書き送るのであった。

こうした中、文永六年（一二六九）三月に高麗の使者が再び対馬にやってきて、先の牒状の返信を迫った。しかも今回は島民を連れ去るという事態も発生し、蒙古側はついに実力行使に出たといえる。九月には高麗の使者が三度《みたび》対馬に到来し、同内容の牒状をもたらし、先の島民を返したが、このような蒙古の度重なる働きかけは、幕府や朝廷のみならず、日本の人びとの心にも大きな動揺を呼び起こすものであった。

文永六年十一月、日蓮は再度諸方に同内容の書状（「十一通御書」）を送った。その宛所は執権北条時宗、執権の側近である宿屋入道最信、侍所所司《さむらいどころしょし》である平左衛門尉頼綱《へいのさえもんのじょうよりつな》、北条氏一門の北条弥源太、また鎌倉仏教界の二大実力者であった建長寺蘭渓道隆、極楽寺良観房忍性、その他では大仏殿別当や寿福寺をはじめとして浄光明寺、多宝寺、長楽寺の十一ヶ所におよんだ。今度は返信する者もあったという。日蓮の言説は蒙古の牒状到来を機に先鋭化し、日蓮自身もその激しい言説によって弾圧や迫害を蒙るだろうと覚悟を決めるのであった。

日蓮と良観房忍性

文永八年（一二七一）六月、うち続く干天に対し、前述の良観房忍性は祈雨の祈禱を命じる。この祈禱依頼からもわかるように、当時の忍性は幕府と結びついていた。この命により忍性は多宝寺の僧二百人を率い、六月十八日から二十四日まで七日間に大がかりな祈雨の祈禱を行うのであった。

遺文『下山御消息』には、日蓮がこの祈禱を知るやいなや両三度使者を送り、「この祈禱によって、もし一滴でも雨が降ったならば二百五十戒を持ち忍性の弟子となって、共に無間地獄に堕ちよう」と対決を迫ったことが記されている。これが有名な忍性との「祈雨の対決」である。忍性はあらゆる手を使って祈禱成就を成そうとするが、結果として一滴も雨は降らず、二週間にもわたり暴風が吹き荒れるという惨憺たる結果に終わる。

日蓮と忍性の対決は人びとの話題となり、市井にその結果が知れるのに時間はかからなかった。面目をつぶされ、怒りに沸いた忍性は直ちに日蓮が日頃批判していた諸宗の高僧、主に然阿《ねんな》良忠《りょうちゅう》や道阿道教などと協力し、対論にて打ち破ろうと画策した。高僧たちは団結し、七月八日に然阿良忠の弟子である浄光明寺の行敏の名をもって法論を挑むこととするが、これに対し日蓮は私的な法論は無意味であり、どうしてもというならば「公の場」であれば応じると返答。過去、日蓮に法論を挑み敗北したことのある高僧らはこれ以上の挑戦は無理だと判断し、「問注所に訴える」という方向転換に踏み切るのであった。

行敏の訴状と日蓮

問注所に提出された行敏の訴状には日蓮が仏法を乱す大怨敵として、その罪状が掲げられていた。一例を挙げると「八万法蔵と称される法門において、ただ一つだけを正意とし他を否定するは是一非諸の理《ことわり》（一つに偏り、諸々を否定する）である」という条目がある。当時の鎌倉仏教界の修学態度は「諸宗兼学（様々な宗派の教学を兼ねて学ぶ）」というもので、いうなれば「是諸非一（一つに偏らず、多くを学ぶ）」であった。つまりこの訴状にある「是一非諸の理」とは日蓮が法華経のみを「依るべき釈尊の真意」として、他の法門は依るべきものではないと主張していると断じており、仏教界の修学態度から逸脱して人びとを惑わし、多くの高僧らに危害を加えているとした。またその他にも諸宗批判（主に念仏、禅、律）や無頼の者を集めているなどとする条目もあった。

日蓮はこれら罪状に対し、一つひとつ反論を加えていく。先の「是一非諸」に対して「法華経を信仰し、釈尊の真意に随順することに何の間違いがあろう。また自分を是一非諸として批判するのであれば、自らの思慮により浄土三部経を選択し仏意に反しているばかりか、釈尊の真意である法華経を捨てよとする法然こそが是一非諸ではないか」と返答。それに対し、忍性らは反論できず、遂に訴えることさえも無意味なものとなった。しかし、このまま終われない忍性らは幕府の上層部などに再度取り入り、日蓮を「国を滅ぼす大悪僧」であるかのように誹謗中傷を繰り返すのであった。

龍口法難

先記の讒訴中傷が要因となって起きたと考えられているのが「龍口法難」である。文永八年(一二七一)九月十二日申の刻(午後四時頃)、日蓮の草庵に兵士数百人がなだれ込み、日蓮を逮捕するばかりか室中を踏み荒らした。少輔房《しょうぼう》という人物は日蓮の懐中にあった法華経第五の巻を奪い、日蓮の頭を打ち付けた。大きな被害を受ける日蓮であるが、これらに対して「あらうれしや。これらがものに狂い、殴りつけるは法華経第五の巻。この巻には法華経の行者の値難が記される。まさに日蓮ここに法華経を身で読んだ」と言ったと伝わる。

さて、この一団を率いたのが幕府の要職である侍所所司を務めていた平左衛門尉頼綱である。頼綱の前に引き出された日蓮は「日蓮は、日本国の棟梁である。日蓮を失うは日本国の柱を倒すのと同じである」と厳しく諫めた。これが「余に三度の高名あり」といわれる「三度の国諫」の第二番目の諫暁である。

やせ馬に乗せられて、鎌倉の大路小路を引き回される日蓮。評定所は即座に流罪を言い渡し、配所は佐渡国、本間六郎左衛門尉重連《しげつら》が当地における実際の預かりと決まった。これを受けて日蓮は本間氏の邸宅がある相模国依智（現在の神奈川県厚木市）に護送されるのであるが、十三日の「草木も眠る丑三つ時」の丑の刻（午前二時頃）というただならぬ時間の出発に日蓮は「この流罪は表向きで、処刑されるようだ」、と感じ取るのである。

八幡諫暁

日蓮とその一行は、「片瀬」（現在の神奈川県藤沢市）に向かった。この地は交通の要所であるとともに、刑場があった。この場こそが有名な「龍ノ口」である。刑場に向かう場面ではさまざまな伝承が残る。例えば、大檀越の一人である四条金吾が、日蓮の乗った馬の首にすがりつき「自らも聖人と共に」と泣き叫んだ話や血で袈裟を汚したくなかった日蓮が、松に袈裟を掛けたといわれる「袈裟掛けの松」、ま

龍口寺大本堂

た老婆の胡麻餅（「御首継餅」）供養など、多くの逸話が存在する。ここでは「八幡諫暁《はちまんかんぎょう》」の話を詳しくみていこう。

刑場へと向かう道中、日蓮はしばらく馬を停めてほしいという。何事かと役人は馬を停めると、その場所には鶴岡八幡社があった。日蓮は突然「八幡大菩薩はまことの神か。日蓮は法華経の行者である。過去に法華経の行者を守護すると釈迦仏の御前にて誓ったであろう。今こそ、その誓いを守るべき時ではないのか」と大声で諫めたのであった。神に対しても諫暁する日蓮の姿を見て、護送の役人たちは大変驚き、「この御坊は如何なる仁か」と動揺が広がったといわれている。処刑される前でも、あくまで法華経弘通を貫く日蓮の死身弘通の強さが伺い知れる話であろう。

処刑中止とその伝承

刑場へと向かう途中でもさまざまな逸話が残るが、刑が執行されようとする場面の「ひかりもの伝説」は特に有名である。

依智の本間三郎左衛門直重（諸説あり）が名刀「蛇胴丸」を抜き、「最後に法華経を捨て、念仏の信仰を持つか、持たねば即刻頸を刎ねん。如何」と問うたところ、日蓮は「法華経によって命落とすは喜ばしいこと」と返したといわれている。直重は仕方なく刑の執行の準備に取り掛かり始めるのだが、突然、雷鳴がとどろいた。すると次第に雨風が強まり、松明はすべて消え、柵や陣幕などもふき飛び、刑場は混乱状態となったという。その時、江ノ島の海上に満月のような大きな光が出現し、目が眩むほどの光をはなった。すると、日蓮の首を切らんと力を振り絞り振り上げた太刀は段々に割れ、役人たちは恐れおののき、刑の執行は中止となったと伝わる。

このように多くの伝承が存在する龍口法難であるが、実際に日蓮処刑中止の理由はいかなるものであったか。現在最も有力なのが大学三郎（比企能本《ひきよしもと》）の存在である。

大学三郎は能書家として名を馳せた人物で、檀越でありながら、一説によれば『立正安国論』執筆の際には有識者として日蓮の相談役となっていたといわれている。このような大学三郎と「書」を通じて親交を結んでいたのが安達泰盛という人物であった。この安達泰盛は実は時の執権北条時宗の舅（妻の父）であり、政界においてもかなりの有力者であったといわれる。龍口法難時、時宗の妻である泰盛の娘が懐妊しており、そのような時に僧を処刑するのは如何なものかと大学三郎が安達泰盛へと働きかけ、泰盛もまたそれを受け止め、時宗へと進言し処刑が中止となったというのだ。これが現在、日蓮が処刑を免れた説として最有力視されている。

弟子檀越の退転

龍口法難の後、日朗を含めた五人の弟子は土牢へ捕らえられ、檀越である妙一尼の夫は、所領を没収された。このように弟子や檀越にも迫害の手がおよぶようになると、弾圧に耐えかね、信仰を捨てる者も現れはじめるようになる。この中には大恩ある領家の尼までが含まれており、名越の尼などのように、周囲の者も誘い退転する者も出るようになった。日蓮が「千が九百九十九人は堕ちて候」と述べるほど、退転の波紋は大きく広がったのであるが、彼らが信仰を捨てた理由は、「迫害を恐れて」というだけではなかった。

法華経には「法華経の行者」を守護する諸天善神が数多く登場する。しかしなぜ、法華経弘通に身命をかける日蓮には諸天善神の加護がないのか、法華経の経文は真実か、と法華経の教えに疑念を持ち始め、これが信仰を捨て去る原因となった者がいたのである。そこで日蓮はいち早くこの弟子檀越らの動揺に対して「答え」を出さなければならないと考えるのであった。

依智での日蓮

文永八年（一二七一）九月十二日に逮捕された日蓮だったが、十月に入っても佐渡配流は行われる気配はなかった。この間に「星下りの奇瑞」や弟子らを気遣う日蓮の逸話が伝わる。また同時に数多くの題目と釈尊と多宝仏のみ記されるような「略式曼荼羅本尊」を書き顕す。これらは総称して「佐渡百幅」と呼ばれている。この中で年月日が記される初見とされるのが京都立本寺蔵「楊子本尊」で、これは楊子のような粗末な筆にて書き表されていることからこう呼ばれ、脇書をみると「文永八年太才辛未十月九日／相州本間依智郷／書之」とあり、現在確認される日蓮自筆の本尊では最古のものである。

佐渡へ出発

遂に佐渡へと向かう日取りが決定した。十月十日、日蓮一行は、現在の群馬県や長野県を通り、北国街道を行くルートをとり、途中で角田の波題目《なみだいもく》などの伝承を残し、十月二十八日になって佐渡の松ヶ崎に到着するのである。佐渡に到着した日蓮は、佐渡国守護代の本間六郎左衛門尉重連から塚原の三昧堂《さんまいどう》を住まいとして定められたのであった。この塚原とは死体を捨てる場で、三昧堂は堂とは名ばかりの壁などが朽ちた荒れ果てた小堂であったという。ここを謫居地《たっきょち》（配流中に定められた場所）として十一月一日以降、「預かりよりあずかる食少なし、付ける弟子多くあり」と日蓮が記しているように、食料も乏しい中、艱難辛苦の配流生活を弟子たちとともに送るのであった。

佐渡の念仏者らと日蓮

日蓮が塚原で配流生活を始めたことを同国の念仏者らはいち早く察知した。中でも阿仏房《あぶつぼう》の存在は重要である。阿仏房は俗姓を遠藤為盛といい、承久の乱で佐渡へと流された順徳天皇に付き従い、ともに佐渡へと渡った北面の武士であったという。仁治三年（一二四二）に順徳天皇が崩御した後は夫妻でともに入道・尼となり、この

根本寺三昧堂

地にとどまり、また御陵の傍らに住みながら天皇らの冥福を祈ったという熱心な念仏者だった。激しい諸宗批判で「阿弥陀仏の敵」と見なされる日蓮の渡国は、阿仏房の耳にも入り、「怨敵」を亡き者にしようと襲撃を企て始める。しかしかえって日蓮に論破され、法華経信仰に入って佐渡における最有力の檀越となっていくのである。阿仏房は日蓮から「日得」という法号を授かり、またその妻は「一千日間の尼の供養」に因んで「千日尼」と授けられた。この夫妻の外護は流罪中のみにとどまらず最晩年の日蓮の生活（身延期）にまでおよんだ。

さて、阿仏房だけでなく、他の佐渡国中の念仏者らも日蓮を論伏しようと徒党を組み、問答による対決を仕掛けてくるようになる。文永九年（一二七二）の正月には印性房《いんしょうぼう》・生喩房《しょうゆぼう》・慈道房《じどうぼう》などを中心に国中だけでなく、周辺の念仏者らまでもが塚原三昧堂に押しかけた。いわゆる「塚原問答」である。これらの念仏者は鎌倉において各宗を代表するような高僧らを相手に法論を行ってきた日蓮にとって、ものの数ではなかったようで、「はかなきものども」と述べるように、優勢のうちに一方的に決着するのであった。実はこの場に先の本間六郎左衛門尉重連がいたとされ、日蓮は本間重連に「この場にいて良いのか、鎌倉へと行かなくてよいのか」と話しかけたという。「何を言っているのだ？」と思う本間重連であったが、この約一ヶ月後にその意味を痛感することとなるのであった。

二月騒動

文永九年二月に『立正安国論』に明示した未発生の二難の内、内乱にあたる「自界叛逆難」に符合する事件が発生する。二月十一日、鎌倉で反得宗派であった北条時章・教時兄弟（名越氏）ら（後に時章は無実と判明）が誅殺され、また十五日には京都で、前年に六波羅探題北方に任ぜられた北条義宗によって同南方の北条時輔が誅殺されるという事件が発生する。これは北条一門で一大勢力を誇っていた名越氏、また八代執権である北条時宗らが自らの異母兄にあたる北条時輔を打つことで、反抗勢力の一掃を狙った、いうなれば幕府内の権力統一を目指した「粛清活動」であったという。後にこの事件は「二月騒動」と呼ばれる。

佐渡においても鎌倉期と同様に『立正安国論』の内容に触れながら法華経弘通を行っていた日蓮。「二月騒動による内乱の的中」は同国の人びとにとって「凄い僧侶が流されてきた」と畏敬の念を抱かせるのに十分であった。これを契機として佐渡国内に多くの新たな弟子檀越らが創出されるのである。周囲の様子が変化する中で、ようやく日蓮は鎌倉に残してきた弟子檀越のために大著の執筆に取り掛かるのであった。

『開目抄』の執筆

先にも述べたように弾圧に耐え、信仰を保持する鎌倉の弟子檀越らの心中には「なぜこのように数々の法難に遭わねばならぬのか。なぜ法華経に説示される諸天善神の加護がないのか」との疑問が未だくすぶっていた。日蓮はそれらの疑念に対する「回答」にようやく着手できるようになる。この回答こそが日蓮三大著作の一つ『開目抄《かいもくしょう》』である。

『開目抄』には、

「日蓮といゐし者は去年《こぞ》九月十二日子丑の時に頸はねられぬ。これは魂魄佐土《こんぱくさど》の国にいたりて、返年《かえるとし》の二月雪中《せつちゅう》にしるして、有縁の弟子へをくれば、をそろしくてをそろしからず。みん人いかにをぢずらむ。これは釈迦・多宝・十方の諸仏の未来日本国当世をうつし給う明鏡なり。かたみともみるべし」

とあり、日蓮は龍口法難時に首を切られて死んでおり、佐渡に至った身は魂魄《たましい》である、故に本書は

妙照寺本堂

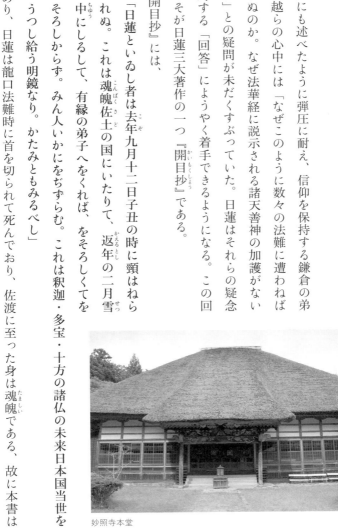

弟子檀越への「かたみともみるべし」とある。

また法難や迫害発生の意味とその正当性を述べる。つまり、法華経は大変信じがたく、また理解しがたい尊い教え（難信難解）であり、法華経の行者が難に遭うことはすでに経文に示されていることから、「法華経の行者」である自らが難に遭遇する事により、法華経の真実性が実証されるとし、法難に遭遇すること（値難）は「仏の未来記の実現（釈尊が予見された未来世の事象を実証している）」であり、翻れば自らが末法の導師だとする証なのだとしている。そして末法の世において人びとを救済する正法は法華経であると述べ、自らが末法における法華経の行者であることを明らかにする。このように日蓮が自らの「立ち位置」を明示することより、本書は「人開顕の書」であると位置づけられている。そして日蓮の三大誓願「我日本の柱とならむ、我日本の眼目とならむ、我日本の大船とならむ」が表明されるのである。

文永九年二月、日蓮は佐渡国を訪れた四条金吾の使者に『開目抄』を託し、金吾を介して鎌倉の弟子檀越らに本書の内容が表明されるのであった。

一谷への移動と『観心本尊抄』の執筆

二月騒動の発生は佐渡の人びとだけではなく、本間重連にも大きな動揺を与え、文永九年（一二七二）四月、重連は日蓮の謫居地を塚原から一谷《いちのさわ》へと移した。この地は重連の配下である、一谷入道（近藤清久）の館があった場所である。一谷での生活は塚原の頃より、比較的「楽」となったようで（とはいえ厳しい配流生活）、前にも増して意欲的に法華経弘通に励むようになる。さらに文永十年（一二七三）四月二十五日には内証の法門を記した大著である『如来滅後五五百歳始観心本尊抄《にょらいめつごごごひゃくさいしかんじんほんぞんしょう》』を執筆する。

本書は現在『観心本尊抄』もしくは『本尊抄』と略されているが、正式には『如来滅後五五百歳始観心本尊抄』という。題号釈に関して古来諸説存在するが、語弊を畏れず簡潔に述べれば「如来滅後五五百歳始」とは、「釈尊が涅槃に入られ、仏法が衰退してしまう末法の始めにおいて」初めて明らかにされる法門について著した書であることを意味する。日蓮は『如来滅後五五百歳始観心本尊抄』を、「日蓮当身の大事」と位置づけ、法華経弘通の全体験や全思惟を傾注した信仰的確信の表明であるとした。またこの書は富木常忍に送られ、さらに大田乗明・曾谷教信をはじめとする門下一同にもその内容を示したが、その一方で、「この書は大変難解な書であり、耳目を驚かせるものである。それ故に三人、四人、座を並べてこれを読んではいけない」とも訓戒しており、「無二の信仰心をもつ者に対する重要な法門開示である」としている。これらの理由より、『開目抄』が「人開顕の書」であったのに対し、本書は「法開顕の書」と呼ばれている。

『観心本尊抄』の内容

『観心本尊抄』は大変難解である。その内容を再度、語弊を畏れずに簡潔に述べるとすれば、釈尊の因果の功徳は全て「南無妙法蓮華経」の題目に具《そな》わっており、この題目を受持することで、自然と釈尊の救いに導き入れられるとし、末法における題目受持の重要性を示している。

続いて、われらの住む娑婆世界こそが本仏が住する永遠の浄土であり、釈尊の永遠性と末法の凡夫との関連性を示し（詳細は「信行編」で）、本尊とは何か、またその主体と相貌を説き顕す。ここで示される釈尊をはじめとする諸天善神らの配置は現在われわれがよく目にする、日蓮の文字曼荼羅本尊であり、これを「十界曼荼羅本尊」と称するのである。日蓮は本書の述作後の七月八日にこの説示に基づいて「佐渡始顕大曼荼羅本尊」を書き顕した。

最後に、題目・本尊の顕示に続き、末法における法華経弘通の担い手は法華経に示される「本化地涌の菩薩」で、これこそが末法の正師であると明らかにし、釈尊の大慈悲を述べて本書をまとめている。

弟子檀越の創出と来訪

佐渡での厳しい流罪生活において日蓮はその信仰的思惟の円熟期を迎えるのであった。そしてその生活も少しづつ変化してくのである。佐渡国で創出された新たな弟子檀越らは当地で日蓮を支え、また鎌倉などの弟子檀越らは迫害の手が緩むと来訪するなどして、日蓮を援助し続けた。中には半年以上も佐渡国に逗留する者もいて、彼らのそうした活動が佐渡国での新たな弟子檀越らのさらなる創出につながったのである。

こうした状況は他宗の高僧らにとって不快でしかなかった。「佐渡へ流されたら日蓮は死ぬだろう」と思っていた忍性らにとって、「日蓮が生きている。しかも佐渡で弟子檀越を創出している」ということは想定外のことであっただろう。忍性らはすぐさま北条宣時をはじめとする幕府の実力者に働きかけ、文永十年十二月には観恵の名で「私の御教書」などを三度にわたり提出し、日蓮らの弘通活動を停止させようとする。しかし文永十一年（一二七四）二月、日蓮が佐渡配流から赦免されることになったため、三ヶ月にわたる拘束は全く影響がなかったのであった。

佐渡赦免

迫害の手が緩んだ弟子檀越らに対して日蓮は、幕府や為政者に対し自らの配流赦免を求めないようにと厳しく戒めた。遺文中にも「法華経の為に命を捨てる事になっても、それは幸せな事である」また「赦免活動を行う者は不孝者である」という記述が残っている。この理由として考えられるのは法華経弘通の覚悟はいうまでもなく、それ以上に弟子檀越らが赦免活動を行うことで、さらなる迫害の発生を阻止したかったためであろう。

そのような中、遂に文永十一年（一二七四）三月八日、二月十四日付の赦免状が佐渡国へともたらされるのである。赦免理由については北条時宗が見た「霊夢」伝承などがあるが、ともかく日蓮一行は三月十三日に佐渡国を発って一路鎌倉へと向かうのである。約四年間の配流生活を想う日蓮は、

「つらかりし国なれども、そりたるかみ（髪）をうしろへひかれ、すすむあし（足）もかへりしぞかし」

（現代語訳）「辛い流罪生活を送った国であったが、この地を想うと剃りたる髪が引かれる思いであり、

鎌倉へと進む足も知らず知らずのうちにまた佐渡へとむかってしまう。」『国府尼御前御書』
とあるように、まさに後ろ髪を引かれる想いで佐渡国をあとにするのであった。

鎌倉への帰還と平頼綱との対談

佐渡国を発った日蓮一行は、三月二十六日に鎌倉に到着した。そして以前にも増して鎌倉の地で法華経弘通に励まんと決意する。しかしその矢先、日蓮を逮捕し、佐渡配流へと追いやった張本人である平左衛門尉頼綱が、日蓮に対し「侍所への出頭要請」を下すのである。「御上」からの要請ともなれば無視ともいかず、周囲の不安を感じつつ、日蓮はこの出頭要請に応じるのであった。

文永十一年四月八日の平頼綱との対談は前回の逮捕時とは大きく異なっていた。その年は蒙古襲来の気配の直中で、その襲来を予見していた日蓮の存在は幕府にとって、もはや無視できない存在になっていたからであろう。日蓮宗の古伝では、対談時にこのような空気を瞬時に感じ取った日蓮が前回の逮捕が言われも無き讒言によるものであったと述べた事を契機として対談が始まったという。頼綱は「蒙古はいつ攻めてくるのか?」とその襲来時期を尋ね、さらに「この襲来に対し、どうすればよいいか」と重ねた。それに対し日蓮は、「人びとの信仰は間違っている。今こそ日本国中の者たちが、法華経に信仰の矛先を変えるときであり、これにより法華経守護の諸天善神が必ず国を守護してくれるはずであろう。そうしなければ日本国は蒙古に敗れ、滅亡するであろう」と答えた。

日蓮はいうまでもなく宗教者で、あくまで蒙古襲来を宗教的な見解にて解釈し、年来の対応策を述べたのだが、平頼綱は侍所所司という役職上、いうなれば完全無欠のリアリスト。つまり平頼綱が求めたのは「いつ、どこで、どのような防衛線を張り、どのように迎え撃てばよいのか」という現実的・軍事的・政治的答えであったのだ。両者の話は平行線をたどり、ついに日蓮は「少なくともこのまま真言師などによる祈禱などを止めないと、状況は悪化する」と述べ、この対談は終了するのである。これこそが「余に三度の高名あり」といわれる「三度の国諫」の最後となる第三番目の諫暁である。

失意の日蓮

対談後、日蓮の「少なくとも真言師などに祈禱をさせてはならない」という意見すら受け入れられなかった。つまり、蒙古調伏の祈禱が幕府・朝廷の手によって行われているという知らせが日蓮の許に届いたのだ。日蓮はこの知らせを聞いて肩を落とし、「今回も自分の意見が採択されなかった、古より三度国を諫めて用いられずんば、山林に交われということは定まれる例である」と、このまま鎌倉にいても今後、自らの意見は採択されることはないと鎌倉退出の決意をし、日本国中を流浪しながら法華経弘通をなそうとするのである。日蓮はまさに失意のどん底にいたのであった。

この時、鎌倉退出後の明確な目的地は決定してなかったといわれる。とにかく鎌倉を出て、日本国を流浪しながら法華経弘通をするという決心のみの旅立ちだった。そのような日蓮のもとに、ある人物から「誘い」の声が掛かった。それは甲斐国南部を治め、波木井に居城を構えていた南部六郎実長（波木井実長）の「自らの領地へとお越しになってはいかがか」というものである。日蓮は、この南部氏の誘いに乗る形で、現在の山梨県南巨摩郡身延へと向かうのであった。

身延への旅路

大檀越の一人である富木常忍が用意した従者とともに日蓮は、文永十一年五月十二日に鎌倉を出発する。そしてその日には酒輪、十三日には竹ノ下、十四日には車返と現在の神奈川県を縦断する形で進み、十五日は大宮、十六日は南部（現在の山梨県南部町）、そして十七日に身延において南部実長と対面する。（『富木殿御書』）

日蓮は実長と対談した後、まだ草庵がなかったため、身延山をいったん離れて周辺地域で法華経弘通に励み、多くの伝承を残している。身延の地に入ったのは五月であるが、現在、「身延開闢会」はその一ヶ月後の六月に行われているのはこうした事情によるものであろう。

身延に到着した日蓮は、富木常忍に対し、「この身延に住むかどうかは決めていないが、この身延の山中の様子が自分の心中にかなったならば、しばらくはここに滞在しようと思う。しかし、結局は一人になって日本国を流浪しながら法華経弘通する身であるので、またどこかに止住することになったら、お目にかかりたいと思う」という内容の書を認める。つまり日蓮は当初、身延で止住するとは考えていなかったのだ。その理由の一つとして考えられることが富木常忍に送った書状の「追而書（追伸文）」に記されている。それには「食糧の欠乏は言葉では表現できないほどである。ここでは金子を持っていても、米

身延山久遠寺祖師堂

一合さえ売ってくれる人もいない。これではみな餓死してしまうので、あなたがつけてくれた、この人たちをみな帰して一人になりたいと思う」とあり、生活するには身延は大変困難であることを記している。しかし日蓮はその後「身延不出山の誓」を立て、湯治のために離山するまで、一切身延山を離れることはなかった。

安らかなる時間

六月十七日、日蓮は波木井実長が用意した身延西谷の草庵へ入った。これより弘安五年(一二八二)九月まで約九年間をこの身延西谷の地で過ごすこととなる。鹿や猿の鳴き声が響く身延山において心静かに生活を始めると法華経を読誦し、弟子檀越らと法談する日々。艱難辛苦の日々を過ごしてきた日蓮にとってこの山での生活は今までにない安らかな時間となった。当初、長く逗留するつもりはなかった日蓮が、この山に留まったのは、まさしく身延山が「心中に叶った山」であったということなのだろう。『南條兵衛七郎殿御返事』にはこの身延山を「彼の月氏の霊鷲山は本朝此の身延の嶺也」と記しており、身延山を法華経が説かれた霊鷲山と比較していることからも、法華経に縁ある「日本において比類無き山」であるとして、日蓮がどれほど身延の地を愛したかがうかがえる。

日蓮は晩年の五十三歳から六十一歳までの期間を、この身延の地で弟子檀越の教育と執筆活動に費やす。身延山西谷御廟所域には現在も日蓮が過ごした草庵跡が残っている。『身延山史』などによると、日蓮が身延周辺を弘通した一ヶ月間に、波木井実長は三上長富・福士長忠・揉光朝などを監督として、鷹取山の麓に草庵を草創したとあり、これが身延山久遠寺の草創であるとされている。当初は二間か三間、もしくは三間四方のものであったといわれ、『身延山史年表』などには「この草庵は十二本の柱、棟高七尺であった」と記されており、簡素なつくりの草庵だったようだ。この草庵で日蓮は「人はなき時は四十人、ある時は六十人」と遺文にあるように多くの弟子らに囲まれ、昼は法華経についての論談、夜は読誦にふける日々を送った。草庵はその後、朽ちるたびに弟子らも協力して幾度となく修復され、身延での生活の拠点となったのである。

檀越らの来訪

心やすく法華経読誦の日々を過ごす身延の日蓮のもとには、各地から檀越らが来訪し、さまざまな供養の品が届けられた。一例を挙げれば、遠く佐渡国の代表的檀越である阿仏房などは幾度となく身延の地へと足を運んでおり、阿仏房が死去した後はその子である藤九郎守綱が身延へと来訪している。また自らが足を運ぶだけでなく、妙一尼などは自らの下人を日蓮へと遣わした。これら檀越の志に対し、日蓮は多くの書状を執筆する。それらの内容の多くは、①供養に対する返礼、②疑問に対する返答、③法華経受持の勧奨、④宛先やその周囲に対する気遣いなどである。これこそ、まさしく文字を通しての法華経弘通であり、日蓮の著作物と共にこれら書状は日蓮滅後の弟子檀越らの教学継承の根幹となっていくのである。

『撰時抄』の執筆

文永十一年（一二七四）十月、蒙古の軍勢が九州に侵攻した。元寇、文永の役の発生である。これは平頼綱との対談時（文永十一年四月）に日蓮が「遅くとも年内以内には蒙古の軍勢が来る」と述べたわずか半年後の出来事である。翌年の建治元年（一二七五）六月に日蓮は大著『撰時抄《せんじしょう》』を執筆する。この書は佐渡国で執筆した『開目抄』に次ぐ長編著作で、『立正安国論』、『開目抄』、『観心本尊抄』の三大部と、後の『報恩抄』と合わせて「五大部」の一つとされる。

日蓮は本書において「五義判（教・機・時・国・序）」中、「時」が重要であると強調する。末法という「時」は正法以外の諸経への信仰を捨て法華経に帰依しなければならず、末法こそが「南無妙法蓮華経」の題目が弘まるべき「時」であると力説する。また五義判の「序（仏法が弘まる順）」が「師（法華経を弘める師）」へと変化し、先の蒙古襲来の予言の的中にあわせ、日蓮は自らが法華経弘通の使命を担う「法華経弘通の担い手」であるという自覚を明確にするのであった。同時に「自らには三度の高名がある」として三度の国諫を記す。この三度の国諫とは、『立正安国論』の上呈、龍口法難時に平頼綱に対して述べた諫言、そして文永十一年の平頼綱との対談時の諫言である。

師の訃報と『報恩抄』

建治二年（一二七六）、出家の師である道善房が死去したという知らせが日蓮のもとに届いた。日蓮は「身延不出山の誓」を立てていたため、師の死によって離山するかどうか悩み、同年七月二十一日に『報恩抄』を執筆。弟子を遠く清澄寺へと派遣し、この弟子が日蓮に代わり、師への報恩感謝追善回向の文を墓前にて読み上げ、また兄弟子の浄顕房・義浄房の前でも本書を読み上げ、法門を開示したのである。本書には人が行うべき道として主君や親・師匠に対する「知恩報恩」の重要性を説く。しかしそれは世俗的な「従う」ことではなく、真の報恩とは主君や親・師匠に逆らってでも仏道、法華経弘通に邁進することであり、これによって自らのみならず周囲にまでその功徳が行き渡り、かえって周囲は救済されるのだとする。そして自らの法華経弘通の功徳は「自分を出家させてくれた道善房御身のもとにあつまる」と記し結ぶのであった。

この『報恩抄』を清澄寺に届け、墓前にて読み上げた弟子については明確ではないが、現在、六老僧の一人で身延山久遠寺第二世の佐渡阿闍梨日向であろうとされている。

池上兄弟の苦悩――親子の対立――

多くの弟子檀越らに囲まれながら法華経読誦と弟子檀越の教育などに日々を送る日蓮。身延山での生活は、先にも述べたが日蓮の生涯において安らかな時であった。しかし弟子檀越らの中には危難に遭遇した者も少なくなかった。

例えば、池上兄弟（宗仲・兵衛志の兄弟）と父である左衛門太夫との親子の対立が挙げられる。池上兄弟の父である左衛門太夫は念仏信者として（一説では良観房忍性に帰依していたと伝わる）兄である池上宗仲に改信を迫ったという。これに対し、宗仲はかえって父に改信を迫り、左衛門太夫は以前に譲った家督を弟・兵衛志に譲ると言い、宗仲を勘当した。一度は勘当を解く左衛門太夫であったが、信仰を改めない宗仲に対し再度勘当を申し渡す。この間に立った兵衛志は両者の破局を防ごうと日蓮に助言を求め、これに応じた日蓮は直ぐさま池上兄弟やその妻に対し書状（『兄弟抄』）などを送り、「親に従い謗法（法華経を謗る信仰）に入れば共に堕地獄であり、世俗的な孝養より宗教的孝養を尽くすように」と信仰の重要性を説き示した。この教示を受けた兵衛志は兄らと力をあわせ父を諫め、左衛門太夫は勘当を解くばかりか自らも法華信仰へと移っていくのであった。

四条金吾の苦悩――主従の対立――

建治三年（一二七七）、日蓮の弟子である三位房が比叡山の学僧、龍象房と法論して勝利をおさめた。この法論の場に四条金吾が同席したと、金吾の同僚が主君である江馬光時に讒言したのである。光時は金吾に対し「法華経の信仰を捨てる」と記した起請文の提出を命じるのであった。これは四条金吾が主君より可愛がられていたことをよく思わない同僚の嫉妬であったとも、またこの同僚が忍性に帰依していたため差し向けられたものとも伝わるが、起請文の提出を促す光時に対し金吾は不退転の決意を決め、起請文提出はせずに日蓮にこのことを急報した。日蓮は金吾になりかわり、主君である江馬光時に対して陳情書を認める。これが『頼基陳状』である。この陳情書は提出されることはなかったというが、その内容は金吾が主君にかわって法華経を信仰しているのであると記しであり、この法華経信仰の功徳は自らにかえるばかりか、周囲まで行き渡り、これにより主君は救済されるのだという内容であった。そして法華経信仰を捨てる起請文を書くことは主君に対する不孝に当たるのでできないと明言し、讒言した者との対決を重ねて要求するものであった。この内容の想いが届いたのか、病床の光時の許にかけつけた金吾は許され、再度召し抱えられたと伝わる。

熱原法難

弟子檀越らが直面した最大の事件が、弘安二年（一二七九）、駿河国富士郡熱原で発生した「熱原法難」である。熱原は蒲原四十九院の供僧であった日興によって教説が弘められた地であり、日興を仲介として日蓮の弟子となる者が多くいた。

この地の瀧泉寺には日秀・日弁・日禅らがおり、念仏者の中にいて法華経を弘めていた。彼らの行動に当寺の院主代であった平左近入道行智は法華経の停止、阿弥陀経読誦を強要し、そしてそれらを明記した起請文の提出（これと引き替えに職・住房の安堵を約束）を迫る。これに対し日禅は富士河合に退出するが、日秀・日弁は瀧泉寺にとどまり、従うことを拒否した。これによって両者の対立は先鋭化し、遂に弘安二年四月に行智が浅間神社の神事中に日秀の指導していた百姓らが傷害事件を起こすように仕向けるのであった。

この事件は得宗領（下方《しもがた》）での事件であったため、「下方政所《しもがたまんどころ》」という幕府の上層事務機関が介入することになった。行智は九月にも「刈田狼藉（他人の田畑の作物を勝手に刈り取り持ち去ること）があった」と主張し、実相寺の厳誉らとともに幕府に訴えた。この讒言によって先の百姓ら二十人が九月二十一日に拘禁され鎌倉に護送されることとなり、この報告を受けた日蓮は直ぐさま鎌倉の弟子檀越らに拘禁された者を激励するように伝え、日興・日秀・日弁には問注（裁判）の用意をさせるのであった。しかし得宗領での事件ということもあってか、鎌倉にて審理にあたったのは平左衛門尉頼綱であった。平頼綱は神四郎、弥五郎、弥次郎の三人を即刻斬首とし、残りの十七人は牢送りとした。日蓮はこのままでは残っている者も危険だということで、即座に日興に問注を命じ、これが功を奏したのか、時期不明であるが十七名は釈放される。

その後、熱原での弘通は困難ということで、日蓮は、日秀・日弁を下総国の富木常忍のもとへと避難させた。この熱原法難は先にも述べたように日蓮身延在山中、最大の事件であり、殉教者を生んだことで日蓮の心中に大きな影を落とすこととなった。

体調の悪化

日蓮は身延入山当初から「体調の不良はやむなし」と覚悟していたようだが、その精神力で入山後、三年間は何事もなく生活を送っていた。しかし日蓮は、建治三年（一二七七）十二月三十日より胃腸をこわし、下痢を繰り返すようになる。この窮地を救ったのは大檀越の四条金吾であった。金吾は武士であったが、薬学の知識にも長けており、「医師」としての側面も持ち合わせていた。日蓮は金吾の医術に絶対的な信頼を寄せ、体調不良の檀越に対しても「四条金吾に頼むが良い」と書状に記すほどであった。その一例が富木常忍の妻（富木尼）に宛てた書状（「可延定業御書」）で、「良き医師」として金吾が登場する。

その後、二、三年は小康状態を保っていたが、弘安四年（一二八一）正月に病が再発し、食欲不振と心身の衰弱に悩まされるようになる。翌年にはほとんど床に臥せた状態になり、弟子檀越らは「これから秋を迎え、寒い冬がきます。この身延の寒さでは良くなる病も良くなりません。どうか一時下山を」と日蓮を説得し続けるようになる。そしてついに日蓮も身延離山を決意し、弘安五年（一二八二）九月八日には常陸国にある、南部（波木井）実長ゆかりの胃腸に効くという温泉（常陸の隠井）に湯治に向かうこととなった。これが日蓮最初で最後の身延離山となるのである。

身延を発って、池上へ

日蓮一行は湯治を目的に常陸国を目指していたが、その道程に日蓮が耐えきれず、病状の悪化からルートを変更し、九月十八日には武蔵国千束郷池上（現在の東京都大田区池上）の大檀越の一人である池上宗仲の館に立ち寄ることとなった。その翌日、日蓮は波木井（南部）氏に対して弟子に礼状を代筆させ「九年までも戴いた御恩は申すばかりなく、心やすく身延で過ごしたので、たとえどこで死んだとしても墓は身延の沢に建てていただきたい」と、墓所建立を依頼した。この時すでに筆をとることもできないほどで、「代筆にて花押（サイン）を加えることができず、申し訳ない」と記している。

そして十月八日、自らの死期が近いことを悟った日蓮は、弟子の中から本弟子六人を定め滅後の教団運営を託した。この六人とは、弁阿闍梨日昭、大国阿闍梨日朗、白蓮阿闍梨日興、佐渡阿闍梨日向、伊予阿闍梨日頂、蓮華阿闍梨日持であり、後に「六上足」もしくは「六老僧」と称された。さらに孫弟子である幼き経一丸という少年を枕辺に呼び、「私は教学研鑽のために帝都に赴いたが、法華経弘通のために行くことはかなわなかった。これより更なる研鑽を積み、かならず帝都へ法華経を弘めてほしい」と頭を撫でながら帝都弘通を遺命した。この経一丸が後の肥後阿闍梨、龍華樹院日像であり、日像はこの遺命を後に果たしたことにより「帝都弘通の祖」として現在の日蓮教団史に名を残している。

現在、池上・大坊本行寺には日蓮が寄り掛かった柱が残されており、これに寄り掛かるようにして日蓮は最後の『立正安国論』の講義を行ったと伝わる。

日蓮遷化と棲神の地・身延

弘安五年十月十三日の辰の刻（午前八時頃）。多くの弟子檀越に囲まれ、惜しまれつつ日蓮は激動の生涯に幕を閉じた。この時、大地が震動し、時ならぬ桜が舞い散ったといわれる。この桜は「お会式桜」と呼ばれ、現在も池上本門寺や大坊本行寺に植わっている。また当時、六老僧の筆頭である日昭は日蓮の遷化を知らせるため鐘を打ち鳴らしたと伝わってお

池上本門寺大堂（祖師堂）

り、池上本門寺では毎年十月十三日の午前八時に、貫首の手により「臨滅度時の鐘」が打ち鳴らされ、七四〇年近く経た今でも日蓮遷化の様子を伝えている。

日蓮の亡骸は十月十四日の戌の刻（午後八時頃）に弟子檀越らの手により入棺され、十五日の子の刻（午前零時頃）に葬送の儀が、そしてその後池上において荼毘に付された。十六日には遺骨を宝瓶に入れ、その後しばらく遺骨は池上にあったが二十一日に池上を発って、二十五日に身延山へと帰山する。波木井氏は日蓮の遺言の通り墓所を身延の沢に建立し、十二月二日には尽七日忌（四十九日）法要が営まれ、墓所に納骨された。この墓所が、現在の身延山西谷「日蓮聖人御廟所」であり「聖人留魂の地」として、滅後の弟子檀越らの「信仰の中心地」となっている。故に現在も身延山を「信仰の忠地」とするのはこれによるのである。

日蓮遺文にふれる

「日蓮教学」の樹立へとつながる遺文

一般的に「遺文《いぶん》」とは、かつて生きていた人物が書き残した物や、その当時の様子を記したものの総称をいう。しかし、古来日蓮教団では日蓮の書き残した書物を総じて「遺文」と呼んでいる。また遺文は「聖教《しょうぎょう》」とも呼ばれ、尊重を表す際は「御遺文」や「御妙判」、「祖書」または「御書」とも呼ばれる。遺文には日蓮の思想や仏教理解が鏤《ちりば》められることから、すでに日蓮在世中より弟子檀越らに尊ばれていたのであった。

遺文に対するこのような「丁重な扱い」は日蓮滅後、より顕著となる。また遺文そのものが信仰を集めるようになった事例も存在する。その理由として挙げられるのが、まず日蓮に対する敬慕の念である。日蓮滅後の弟子檀越らは、今は亡き日蓮の姿を遺文の文字に見るのである。つまり、遺文そのものが弟子檀越らの「想いの縁《よすが》」となっていくのであった。しかし遺文に対する尊崇の要因はそれだけではない。日蓮は遺文の多くに「法華経受持の勧奨（法華経信仰の勧め）」を記している。つまり、弟子らは日蓮からの口伝による教理・教学の継承だけでなく、遺文に記される法華経受持の勧奨を根幹として「日蓮教学」を樹立させていくのであった。このことは、他の鎌倉新仏教諸宗派の祖師たちとの大きな相違点の一つであり、これは日蓮が多くの弟子檀越らに宛てて書状を認《したた》めたこと、またこの中において法華経信仰の功徳とその重要性を強調し説いたことに起因するのである。

遺文の大別

日蓮の思想と仏教理解、そして法華経信仰の重要性を説き明かす遺文であるが、その内容から、「著述」・「書状（消息）」・「図録」・「要文」・「写本」などに大別することができる。

まず「著述」であるが、その代表例として挙げられるのが『立正安国論』、『如来滅後五五百歳始観心本尊抄』などの重要教義書である。これら著述は遺文の中でも、特に重要視され、日蓮が明確な意図をもって自己の体験などからその教義や信仰を論述したものであるといえる。また書状のように特定の人物を対象にした文章ではなく、不特定多数の人びとまたは門下一同を対象としたものといえる。

次に挙げられるのが「書状（消息）」である。これは著述と異なり、特定の弟子や檀越に宛てられたものであり、遺文の大多数はこの書状に分類される。その特徴として挙げられるのが、多くの書状内容に「供養物に対する返礼」、「宛所やその周囲に対する気遣い」、そして「法華経受持の勧奨や教理・教学」の三点がみられるということである。日蓮は書状を認める際、宛所の性格や立場、また信仰上の能力（教学理解）をよく考えた上で執筆している。つまり書状は日蓮にとって布教法の一つであり、また「対機説法（相手の理解に応じた説法）の場」であったともいえよう。書状であっても著述に準ずる重要な教義が記されているものも多くみられ、これからも日蓮が書状であっても法華経信仰を根幹とした日蓮教学をその文言に鏤めていたことを知ることができる。

また「図録」とは、『一代五時図』や『戒之事』などの仏教教義や教学のテクニカルタームを図式化したものをいい、弟子檀越らに対して教学の伝達や講義の一助としたであろう図版類をいう。

さらに「要文」は要文抄録ともいい、著述や消息作成の際に、また対論・法論時に使用したであろう重要な「経（経典類）」、「論（論書類）」、「疏（注釈書類）」の一節を書写・抜書したものをいう。代表的なものを挙げれば『依憑天台宗要文』などが挙げられる。

最後に「写本」であるが、これは日蓮自らが各宗高僧らの著述や日本に伝播した経論典籍類を書写したものをいい、代表的なものとして金沢文庫蔵『授決円多羅義集唐決』や中山法華経寺蔵『五輪九字明秘密釈』などが挙げられる。

日蓮が書き著したものが遺文というならば「大曼荼羅」なども遺文に含まれるように思われるが、「大曼荼羅」は信仰の対象であり、ここで挙げた遺文とは意味が異なるため、遺文の範疇に加えないことが多い。

遺文の蒐集と恪護

遺文は「教学の継承」という観点から、日蓮滅後の弟子らは「遺文の蒐集と恪護《かくご》」に心血をそそいだ。これは先にも述べたが、日蓮滅後の教学は遺文に記される教理や教学思想を根幹としているということより、遺文の紛失は日蓮教学を失うということに直結する。故に方々に手をうち蒐集し、身命を惜しまず護持していくのであった。あらためて滅後の弟子らの「護法の精神」に感動するところである。

この蒐集・恪護の動きは、大きく分けると、四つの地域でみられる。
まず挙げられるのが中山（千葉県市川市）だ。日蓮の大檀越の一人で、日蓮滅後に出家し常修院日常《じょうしゅういんにちじょう》（中山法華経寺初祖）と名を改めた富木常忍は、自らの邸宅内に建立した持仏堂を寺院へと改修し、その寺院で遺文目録「常修院本尊聖教事」を作成した。また同時に「日常置文」において「例え物惜しみと言われようが寺外にこれらを出すことを許さず、またさらに懈怠無くこれを護持すること」を定めた。この精神は日蓮が富木常忍に宛てた書状（「富木入道殿御返事」）の「貴辺に申付し一切経の要文智論の要文五帖一処に可被取集候。其外論釈の要文散在あるべからず候。」（定本五一七頁）という一文から、富木常忍が常々心に留め置き、これを「護持・護法の理念」としたのであろうと考えられる。そしてこの理念は継承され、帥公日高《そつこうにちこう》（中山法華経寺第二世）の「日高置文」、浄行院日祐《じょうぎょういんにちゆう》（中山法華経寺第三世）の「本尊聖教録」・「日祐置文」の内容にそれらをみることができる。現在もこの「聖教護持の精神」は保ち続けられ、日蓮宗内において最も多くの日蓮直筆遺文（真蹟遺文）を所蔵するのが中山法華経寺（千葉県市川市）であることがその証左であろう。

次に挙げられるのが身延（山梨県南巨摩郡）だ。身延山久遠寺第三世大進阿闍梨日進は先に述べた中山法華経寺第三世の浄行院日祐との同交が深かった。当時両寺所蔵の遺文貸与が見られることなどから、身延での遺文の蒐集の動きは確認できるものの、身延での遺文目録の成立は、中山のそれと比べると遅く、形となったのは身延山久遠寺第十二世円教院日意《えんぎょういんにちい》の「大聖人御筆目録」がその嚆矢であるとされる。しかし遺文の蒐集・恪護の動きはこの目録制定よりも早く、また日蓮が晩年九ヶ年を過ごした身延という土地からか、多くの遺文の蒐集が行われていたようである。

そして富士(静岡県富士市周辺)での蒐集と恪護である。富士における所蔵遺文目録そのものは伝わっていないが、伝・白蓮阿闍梨日興(六老僧の一人)の「富士一跡門徒存知事」に日興が書写した写本を中心として数々の遺文が伝来していることをうかがわせる内容が記されている。さらにこの中には写本遺文の正本(原本)がどこに伝来しているかなども詳細に記されており、これから富士における遺文の蒐集と恪護の動きをみることができる。

最後に挙げられるのが京都だ。多くの日蓮系本山が在する京都では各本山が真筆遺文を恪護している。そして各本山間において「遺文の貸借」もあったようである。

以上、これら四地域における遺文の「蒐集・恪護」の功により、現在われわれが真蹟遺文の姿を見ることができるのである。

遺文の伝播

遺文は「日蓮が自ら実践した宗教的体験の記録である」ともいえる。それは日蓮の行動と思想が多くの遺文に記されていること、また法華経布教(法華経弘通)により発生した「法難」の記録やその受容を述べていることからも理解できよう。日蓮滅後の弟子らは遺文に記されるこれらを自らの礎として日蓮同様に法華経弘通に邁進し、また自らの「信仰の道しるべ」とするのである。しかし信仰の根幹ともいえる真蹟遺文は各所に厳重に恪護されている。故に弟子檀越らは遺文を中世においては書写して自らの手控えとし、ある時はそれを使用して日蓮教学の継承を行うのである。さらに近世においては印刷技術の発展により遺文も版行され刊本化していくのであった。この刊本化により飛躍的に遺文の伝播範囲は広がり、一般在俗の信徒にまで日蓮の思想と行動、日蓮の法華経理解に基づく日蓮教学は広がっていくのである。しかしここで新たな問題が発生するのであった。

写本遺文は一書完成までに多くの時間を要し、また数に限りがあることは理解できよう。それに対して刊本遺文は、写本のそれと比べ短時間で完成させることができ、またその数も多く作成することができる。これは日蓮教学を伝播させるという意味で大きな利点でもあるが、欠点として挙げられるのが刊本遺文、またその底本となる写本遺文の誤記・誤植などがそのまま世に流布してしまうというものであった。この写本遺文・刊本遺文に記される「誤記・誤植」は直接日蓮教学の誤りに繋がり、後世の教学誤認へと直結する。これを正さんがために弟子らは真蹟遺文に近づけようと幾度も遺文を書写し、また刊本化するのであった。さらに近世中期ともなると僧侶による遺文版行のみならず、一般信者いわゆる「在家日蓮信奉者」も遺文版行を志し、遺文を集成した「日蓮遺文集」を版行していく。つまりここに新たな遺文伝播の流れが発生することとなるのであった。

遺文に導かれる

遺文の文言には「仏教者・日蓮」の法華経受容を記すものが多い。故に滅後の弟子らはそこに記される仏教理解を根幹として日蓮教学を樹立し、現代にそれを伝えているのである。遺文の存在はまさに日蓮の教えそのものであるといえよう。法華経弘通の生涯を送った日蓮は、その強烈な死身弘法の生活より厳格で粗野な人物像が想起がちである。それは日蓮自身が「無戒《むかい》の比丘《びく》」であると主張し、しかも他宗に対し凄烈な排斥を加えたことが原因なのであろう。

しかし反面、多くの弟子檀越に宛てた書状をみると、厳格な言葉もある一方で弟子檀越などの心に寄り添う、先の人物像とは正反対の優しさをうかがうことができる。弟子檀越らは日蓮と接することにより、仏教に対する紳士的な態度はもとより、このような優しき姿に惹かれていったのではないだろうか。故に世情や人間関係に悩む檀越らは「不安や懸念」に対する回答を日蓮に求め、日蓮は法華経の経文を引きながら「人としてすすむべき方向」を説き示したのだろう。書状などに鏤められる文言は日蓮の法華経理解を根幹としながら「一人間」として人びとに接する「日蓮その人」であるといえ、故に日蓮の「言葉」に触れた人びとは「心の平安」を得られたのだろう。書状を認めながら弟子檀越らを心配し、涙する日蓮の姿。そして送られた書状を読み、涙を流しながら心の平安を得る弟子檀越らの姿。この両者の姿を現代に燦然と甦らせる遺文は、日蓮教学の根幹としてだけでなく、今日のわれわれの「心の道しるべ」であるのかもしれない。

手紙から読み解く日蓮のことば

【信行編　信仰とその教え】

正法への信仰と功徳

汝早く信仰の寸心を改めて、速かに実乗《じつじょう》の一善《いちぜん》*に帰《き》せよ。しかればすなわち三界《さんがい》*は皆仏国《みなぶっこく》なり。仏国それ衰えんや。十方《じっぽう》*は悉く宝土《ほうど》*なり。宝土何ぞ壊《やぶ》れんや。国に衰微《すいび》なく、土に破壊《はえ》なくんば、身はこれ安全にして、心はこれ禅定《ぜんじょう》ならん。この詞《ことば》、この言《こと》、信ずべく崇《あが》むべし。

『立正安国論』定本二二六頁

（現代語訳）

ただちに（一刻も早く）信仰の矛先を改めて、速やかに釈尊の真意である法華経に帰依しなければならない。そうすればこの世界は、仏の国となり、仏の国であるが故に衰えることはない。十方の世界は「宝石で覆われた、光り輝く大地（永遠の浄土）」となり、けっして破壊されることはない。国が衰えることなく、大地が破壊されることがないならば、そこに住む者たちの身体は安全で、身体に憂いがないために、心も平穏無事となる。

この言葉は真実である。故に信じ、崇《あが》めなければならない。

「実乗《じつじょう》の一善《いちぜん》」

日蓮は『立正安国論』において、「実乗の一善」について具体的な内容や実質は明示しない。しかし、実乗は実大乗であり、釈尊の真意である法華経、また一善とは最高の「善」であるとする。日蓮は釈尊の真意である正法・法華経を誹謗する「大悪」に対して、これを正すのは唯一法華経に対する絶対的な信仰である「一善」のみであると主張する。

「三界《さんがい》」

仏教にてさまざまに説示される世界観の一つ。衆生が迷い、生死《しょうじ》を繰り返す境界《きょうがい》を三つに区分し、迷いの因果が尽きることがないことから「三有《さんぬ》」とも称される。

「十方《じっぽう》」

東・西・南・北に、東北・東南・西北・西南（以上、四維《しゆい》）、そして上・下を合わせた「空間」をいう。

「宝土《ほうど》」

日蓮は『立正安国論』において「宝土」の語を用いて「浄土」を表す。浄土は仏・菩薩らが住む世界であり、悪道のない理想的世界で、この対義語を「穢土《えど》」という。ここでいう浄土は一般的に理解される阿弥陀仏の住する「西方浄土」とは異なり、日蓮は妙法蓮華経如来寿量品の「我れ、常に此の娑婆《しゃば》世界に在って、説法教化す」の文より、娑婆世界が仏の在《ましま》す永遠の浄土であるとする。

（意訳・見解）

自然災害が続出した鎌倉時代。日蓮はその原因を『立正安国論』において「釈尊の真意であり、正法である法華経への信仰が蔑《ないがし》ろにされているためである」とする。

当時の仏教の研鑽方法は「諸宗兼学《しょしゅうけんがく》」、つまり、諸宗派の教えを兼ねて学ぶというのが主流であり、また世を席巻していた教えは浄土教学、つまり「念仏」であった。したがって多くの人びとは念仏者であり、この念仏の流行によって法華経への信仰が失われ、さらに諸天善神や聖人《せいじん》らは正法《しょうぼう》を得ることができなくなり、天に還《かえ》って国を守護しなくなってしまう。すると悪鬼羅刹《あっきらせつ》は活動を活発化させ、災害が続出するのだと日蓮は主張する。これを善神捨国《ぜんじんしゃこく》思想（神天上法門《じんてんじょうほうもん》）という。

そして特に流行していた法然浄土教、具体的には法然の著した『選択本願念仏集《せんちゃくほんがんねんぶつしゅう》』（『選択集』）を強烈に日蓮は批判し、このまま正法が廃棄され続ければ『薬師経』などで説かれるところの「三災七難」の中で、未だ発生していない「残りの二難」である「自界叛逆難《じかいほんぎゃくなん》」という内乱と「他国侵逼難《たこくしんぴつなん》」という外国からの侵略が近い将来必ず発生すると指摘するのであった。

日蓮はこの思想を根幹として、今生の安穏や終生の成仏を願うならば一刻も早く正法への信仰を完成させなければならないと結論づける。つまり日蓮は壊滅的な社会状況の中で、釈尊の真意が失われているることを嘆き、仏法が見失われる末法にこそ釈尊は衆生救済《しゅじょう》のために法華経を説示する。そしてそれに対する絶対的な帰依《きえ》（法華経受持の勧奨《かんしょう》）にこそ末法の衆生の救済はあると希望を見いだすのであった。

『立正安国論《りっしょうあんこくろん》』

文応元年（一二六〇）七月十六日
日蓮三十九歳
述作地・身延
対告・北条時頼（取次・宿屋入道最信）

『立正安国論』は、日蓮の遺文のうち、「三大部」また「五大部」の第一と位置づけられている。日蓮は生涯にわたり幾度も『立正安国論』を執筆しており、そのため複数の『立正安国論』が現存・曾存《そうぞん》する。

本書は主人と旅客が問答を交わす「主客問答体《しゅきゃくもんどうたい》」、そして「四六駢儷体《しろくべんれいたい》」で書き記されている。四六駢儷体とは四字と六字で文調を整えながら引用や対句を多く用いた文体で、平安時代より華麗な文体として高く評価され、音読に適しているともいわれる。

日蓮が鎌倉にて弘通《ぐづう》を開始した頃、多くの自然災害が発生した。その中でも特に正嘉元年（一二五七）の大地震はすさまじいものであり、鎌倉幕府の正史『吾妻鏡』においても「建物という建物は全て被害に遭った。また大地は裂けて、そこから水や火炎が出た」というほどの惨状であったという。

さらに大風や飢饉、また疫病も流行し、その状況は『立正安国論』の冒頭部分で、「旅客来《りょきゃくきた》りて嘆いて曰《いわ》く、近年より近日《きんじつ》に至るまで、天変《てんぺん》・地夭《ちよう》・飢饉・疫癘《えきれい》、遍《あまね》く天下に満ち、広く地上に迸《はびこ》る。牛馬巷《ぎゅうばちまた》に斃《たお》れ、骸骨路《がいこつみち》に充《み》てり。死を招くの輩《ともがら》、すでに大半に超《こ》え、これを悲しまざるの族《やから》、あえて一人《いちにん》もなし」と記されており、その惨状を物語っている。

このような状況下で日蓮は「鎌倉では大寺院の建立が相次ぎ、さながら仏都の観を呈し、幕府や為政者は篤く仏教を保護しているにも関わらず、なぜ人びとはもがき苦しまねばならないのか」と仏教者として現状に意味を見いだそうとするのであった。

そして日蓮は駿河国岩本の実相寺の一切経（大蔵経ともいい、「八万法蔵」といわれるすべての経典）蔵に入蔵し、一切経を閲読して「この度の災害は尋常ではない」ことを発見する。そして災害続出の原因を理解し、その道理・文証を見出すのであった。

この一切経閲読をもとに日蓮は、『守護国家論』（正元元年・一二五九）『災難興起《こうき》由来』『災難対治鈔《たいじしょう》』（ともに文応元年・一二六〇）を執筆し、この三書を底本として『立正安国論』を撰述するのであった。

三大誓願

善に付け悪につけ法華経をすつる、地獄の業《ごう》なるべし。本《も》と願《がん》を立つ。日本国の位《くらい》をゆづらむ、法華経をすてて観経《かんぎょう》*等について後生をご（期）せよ。父母の頸を刎《はねん》、念仏申さずわ。なんどの種々の大難出来《しゅったい》すとも、智者に我義《わがぎ》やぶられずば用《もち》いじとなり。その外の大難、風の前の塵《ちり》なるべし。我《わ》れ日本の柱《はしら》とならむ、我れ日本の眼目《がんもく》とならむ、我れ日本の大船《たいせん》とならむ、等とちかいし願、やぶるべからず。

『開目抄』定本六〇一頁

(現代語訳)

善きにつけ、悪しきにつけ、法華経を捨てることは堕獄の原因となる。

若き日の日蓮は人びとの救済を願って誓願を立てた。たとえ「日本の国主の地位を与えよう。その代わりに観《かん》無《む》量寿経《りょうじゅきょう》によって後世の安寧を祈れ」と言われたとしても、また「念仏を唱えなければ父母の首をはねるぞ」と脅されたとしても、さらに、さまざまな大きな法難が発生したとしても、仏法などに精通する者によって自らの信仰や確信を論破されることがなければ決して屈することはない。

したがって大きな難が発生したとしても、それは「風の前に舞う塵《ちり》あくた」のようなものでしかない。われは日本を支える柱となろう、われは日本の行く末を見通す眼《まなこ》となろう、われは日本の人びとを救済する大船《たいせん》となろう。

若き日に誓ったこの「三大誓願《さんだいせいがん》」*を破ることはない。

「観経《かんぎょう》」　浄土宗の依経である浄土三部経の一つ、観無量寿経のこと。釈尊が阿闍世王《あじゃせおう》に幽閉された韋提希夫人《いだいけぶにん》のために、阿弥陀仏とその浄土の様子を説いたのが観無量寿経とされる。

中国の善導は観無量寿経の注釈書(『観無量寿経疏』)を著し、日本の法然はこの疏の「一心専念弥陀名号」の文によって浄土信仰を開き、専修念仏を弘めた。

「三大誓願《さんだいせいがん》」　千光山清澄寺において立教開宗の宣言をした時から変わることのない日蓮の衆生救済をめざした根本ともいうべき宗教的誓願。

（意訳・見解）

日蓮が出家した動機の一つとして挙げられるのが、「仏教の深奥を理解したい」という願いである。この願いは後の日蓮のバックボーンになっていく。激しい迫害に遭い、信仰を妨害されたとしても、「仏教の深奥を理解する」という意志は決して折れなかった。その強い意志を支えたのは、「釈尊の真意に随順する」という明確な境地であったといえよう。

そして「釈尊の真意（正法）は法華経にある。その法華経こそが乱れる世に生きる人びとを救済する大いなる法《ダルマ》である」とする。日蓮は諸宗の高僧は自らの意趣によって依経《えきょう》を選択しており、釈尊の真意に随順していない（宮崎英修『日蓮辞典』）と見抜いたからこそ、諸宗の教えを批判し、正法への回帰を主張するのである。

したがって、あらゆる迫害や脅迫に遭遇したとしても、日蓮の理念・思想は揺らぐことはなく、若き日に人びとの救済を誓った「三大誓願」は確固たるものへと昇華されるのである。

『開目抄《かいもくしょう》』

文永九年（一二七二）二月
日蓮五十一歳
述作地・佐渡国塚原
対告・門下一同

本書は「日蓮といゐし者は去年《こぞ》九月十二日子丑《ねうし》の時に頸《くび》はねられぬ。これは魂魄《こんぱく》佐土《さど》の国にいたりて、返年《かえるとし》の二月雪中《せっちゅう》にしるして、有縁《うえん》の弟子へをくれば、をそろしくてをそろしからず。みん人いかにをぢずらむ。これは釈迦・多宝・十方の諸仏の未来、日本国当世をうつし給う明鏡《めいきょう》なり。かたみともみるべし」とあるように「日蓮は龍口法難時に頸を刎《は》ねられて死に、ここに（佐渡）あるは魂魄《たましい》である」として、門下一同に対しての「かたみ」として執筆されている。

日蓮は、法華経こそが末法世における正法で、自らが法華経の行者、そして導師であることを表明している。これより本書は「人開顕《にんかいけん》の書」として位置づけられる。

そして法華経の行者が種々の難に遭うのは経文に説かれていることを証明するものとして「仏語の正しさのあかしである」とする。そして自らが末法の導師である表明をしたのち、「三大誓願」を明らかにするのであった。

本書は『立正安国論』と同様に、日蓮の遺文の中で、「三大部」また「五大部」に位置づけられ、遺文の中でも最も長い。佐渡国に流された日蓮に供養品を届けた、大檀越の一人、四条金吾の使者に遣わしたものが本書であり、その四条金吾の手によって内容が門下一同に伝わった。

過去世の滅罪

我《われ》無始よりこのかた悪王と生《うま》れて、法華経の行者の衣食田畠《えじきでんばた》等を奪《うばい》とりせしことかずしらず。当世《とうせい》日本国の諸人《しょにん》の法華経の山寺《さんじ》をたうすがごとし。また法華経の行者の頸を刎《はねる》こと、その数をしらず。これらの重罪はたせるもあり、いまだはたさゞるもあるらん。果すも余残《よざん》いまだつきず。生死を離るる時は必《かならず》この重罪をけしはてゝ出離《しゅつり》すべし。功徳は浅軽《せんきょう》なり。これらの罪は深重《じんじゅう》なり。権経《ごんきょう》を行《ぎょう》ぜしにはこの重罪いまだをこらず。鉄《くろがね》を熱《やく》にいたう（甚）きたわざればきず隠《かく》れてみえず。度々《たびたび》せむればきずあらわる。麻子《あさのみ》をしぼるにつよくせめざれば油少《すくな》きがごとし。今《い》ま日蓮強盛《ごうじょう》に国土の謗法を責《せむ》れば大難の来るは、過去の重罪の今生《こんじょう》の護法に招《まね》き出《いだ》せるなるべし。鉄《くろがね》は火に値わざれば黒し。火と合いぬれば赤し。木をもつて急流をかけば波《なみ》山のごとし。睡《ねむ》れる師子に手をつくれば大《おおい》に吼《ほ》ゆ。

『開目抄』定本六〇二～六〇三頁

（現代語訳）

日蓮は遠い昔から悪王と生まれて、法華経の行者の衣・食また田畠などを奪い取ったことは数知れないほどである。あたかも今の世に日本国の人びとが法華経を説く山寺を滅ぼすのと同様である。

また法華経の行者の頸を刎《は》ねたことも、その数は計り知れない。これらの重罪はその償いをすでに果たしたが、また未だその償いを果たしきれていないものもあろう。償いを果たしきったとしても、その残りは未だ尽きてはいない。人間が生死の迷いを離れるときは、必ずこの重罪をすべて滅し尽くさなければならない。

しかし、今までの功徳は浅く軽く、それに比べてこうして重ねて犯した罪は甚だ深く重い。もし釈尊の真意を未だ顕かにされていない諸経を修行していたならば、このような重罪が生じることはなかった。鉄を鍛錬する際に、高度な精錬にまでおよばなければ、キズがあっても隠れて見えない。精錬を重ねていくとキズははっきりしてくるのである。麻の実から油を採る際、強くしぼらなければ油がわずかしか採れないのと同様である。

今、日蓮が強烈に国における誹謗正法（謗法）の存在を追求したため、大いなる迫害が発生した。つまり、正法を護持した結果として、自らの過去世の重罪（謗法罪）が今生に招き出されたものであり、今生の迫害は自らの過去世の重罪を消す行為につながる。鉄は火に入れられなければ黒い物体にすぎないが、火の中で精錬することによって赤くなる。また木をもって急流をかけば、波は山のように高くなる。さらに眠る獅子に手を出せば大声で吼えられると同様に、大難の発生は、当然の事なのである。

（意訳・見解）

釈尊の真意は『妙法蓮華経』（法華経）にあると諸経より見いだした日蓮にとって、法華経を誹謗し、背く行為である「謗法《ほうぼう》」*は何よりも重い「罪科」であった。また日蓮は「自らにも過去世において謗法の重罪が存在する」とし、謗法の罪科を今生において消滅させることができるのであれば、この世にて法華経を弘通《ぐづう》*することで発生する迫害がどれほど苛烈をきわめようが、それは軽量なものであるとする。

これは「転重軽受《てんじゅうきょうじゅ》の意識」（重い罪科を今生において軽く受け、滅罪しているという意識）であるといえ、日蓮の末法における衆生救済の導き手である「末法の導師」としての使命感もまた「懺悔滅罪《さんげめつざい》」の意識に支えられていたといえる。つまり、法華経弘通にともない、次々発生する法難や迫害、苦難をあえて忍んで受容（値難忍受《ちなんにんじゅ》）する日蓮の意識の根本には、まさに謗法の問題が存在していたのである。

「謗法《ほうぼう》」 誹謗正法の略。釈尊の真意である正法を謗ること。日蓮は謗法を犯す罪を「謗法罪」として無間《むけん》地獄に堕す原因とする。

「弘通《ぐづう》」（「ぐずう」とも）仏の教えが広く行われる、また教えを弘めること。仏教を布教させること。

『開目抄』

文永九年（一二七二）二月
日蓮五十一歳
述作地・佐渡国塚原
対告・門下一同

日蓮は文永八年（一二七一）に発生した龍口法難《りゅうこうほうなん》で侍《さむらい》所《どころ》 所司《のしょし》平左衛門尉頼綱《へいのさえもんのじょうよりつな》によって捕縛され、佐渡国へ配流となる。

佐渡国へ到着した日蓮は実質の「預かり」である佐渡国守護代の本間六郎左衛門尉重連《ほんまろくろうざえもんのじょうしげつら》によって謫居地《たっきょち》を塚《つか》原三昧堂《はらさんまいどう》と定められ、この地より佐渡国での生活が始まるのであった。

龍口法難によって日蓮門下への弾圧は一層過激になり、「千が九百九十九人は堕ちて候」（『新尼御前御返事』）というように信仰の退転者が続出した。また信仰を続けながらも、多くの弟子檀越らの中には「妙法蓮華経陀羅尼品などでは、法華経を弘通する者は法華行者擁護《ほっけぎょうじゃおうご》の諸天善神により守護されるとあるが、われらが師には何故にその守護無く、身命《しんみょう》におよぶ法難迫害を受けるのか」という、信仰上の疑念や動揺が起こる。

この疑義に対し応えたのが本書である。つまり、日蓮は種々の法難迫害の発生は、まず自らが過去世において犯した謗法罪に対する滅罪、そして仏の未来記の実現であるとして法難・迫害の発生を正当化するのである。

自然譲与

釈尊の因行《いんぎょう》・果徳《かどく》*の二法《にほう》は妙法蓮華経の五字に具足す。我等此の五字を受持*すれば、自然《じねん》に彼《か》の因果の功徳を譲り与えたもう。

『如来滅後五五百歳始観心本尊抄』定本七一一頁

（現代語訳）

釈尊の因位《いんい》の万法《ばんぽう》と果上《かじょう》の万徳《ばんとく》というものは、すべて「妙」、「法」、「蓮」、「華」、「経」の五文字に備わっている。

故にわれわれは「末法の凡夫」であるといえども、この五字を信じ持つ（信奉する、受持する）ことによって、自然と釈尊の因行・果徳の功徳は譲り与えられ、釈尊と同体の仏となることができるのである。

「因行・果徳」

釈尊が菩薩行を修行していた時代に積まれた功徳により得られた徳ともいわれるが、直接的には釈尊の本因本果を示す。

本因とは妙法蓮華経如来寿量品にて「我《われ》本《もと》と菩薩の道を行じて成ぜし所の寿命、今猶《な》ほ未だ尽きず、復上《ふくじょう》の数に倍せり」と示す、本果が成ずる以前の因行をいい、本果と同じく「我れ、成仏してより已来、甚だ大いに久遠なり、寿命無量阿僧祇劫《あそうぎこう》、常住にして滅せず」と説示する久遠実成《くおんじつじょう》をいう。

「受持《じゅじ》」

身体、口、意識（身《しん》・口《く》・意《い》の三業《さんごう》）にわたって仏の教えを受け持つことをいう。身業受持とは色読（身をもって法華経の経文通り修行する）、口業受持とは唱題、意業受持とは信心をいい、この三業が備わったとき、「五字の受持」に成仏が備わるとする。

「教主釈尊《きょうしゅしゃくそん》」

仏教・教法の説き手を「教主」といい、「釈尊」とは釈迦牟尼仏の略である。仏教を説いた釈尊を教主として「大恩教主」ともいう。日蓮は妙法蓮華経如来寿量品の久遠実成の釈尊を教主として、諸仏はすべて寿量品の教主釈尊の分身《ふんじん》であり、諸大菩薩はみな弟子であるとする。

（意訳・見解）

日蓮は、教主釈尊＊の因果の功徳は「妙法蓮華経」の五字にそなわるため、この五字を受持《じゆじ》することで、釈尊の功徳が自然に譲り与えられるとして「衆生の成仏」を明示した。

五字を受持すると、末法世の凡夫の心に仏界（仏の世界）がそなわり、成仏が可能となる。そして五字の受持とは「南無妙法蓮華経」を唱えること（唱題）を意味し、故にここに末法世における仏道修行法が明らかとなる。五字の受持とは衆生を成仏へと導くという釈尊の悲願によるもので、日蓮は唱題を釈尊の願いに呼び起こされた衆生の信心の発露を意味するとした。

『如来滅後《にょらいめつご》五五百歳《ごごひゃくさい》始《し》観心本尊抄《かんじんほんぞんしょう》（観心本尊抄）』

文永十年（一二七三）四月二十五日
日蓮五十二歳
述作地・佐渡国一谷
対告・富木常忍、大田乗明、曾谷教信および門下一同

本書は『開目抄』が著された翌年の文永十年（一二七三）四月二十五日、佐渡国一谷《いちのさわ》において執筆し、その翌日となる四月二十六日付の『観心本尊抄副状《そえじょう》』とともに下総国の富木常忍に宛てて届けた。

日蓮は文永九年（一二七二）四月に配所が佐渡国塚原から一谷へと移された。以降、佐渡配流赦免となる文永十一年（一二七四）三月まで当地において過ごすこととなる。

佐渡での配流生活は日蓮の思想・教学を一層深めさせ、その極まりの一つが本書である。『観心本尊抄副状』において本書を「日蓮当身の大事なり」とあり、また「この書は難多くして答え少なし」の内容だとする。さらに「他見に及ぶとも、三人四人座を並べてこれを読むこと勿《なか》れ」と他人に見せたとしても三、四人で読んではならないと注意書きがされている。このように『観心本尊抄』は、日蓮教学の重要書として「法開顕《ほうかいけん》の書」と位置づけられ、「本門の題目」と「本門の本尊」とは何かを明らかにした書として『立正安国論』、『開目抄』とともに「三大部」の一つとされている。

紹介した部分は『観心本尊抄』における重要部分の一つであり、釈尊の功徳が法華経信仰を受持することにより、自然に譲り与えられることから「受持譲与段《じゅじじょうよだん》」もしくは「自然譲与段《じねんじょうよだん》」、さらに三十三字をもって（原文は漢字で三十三字）示されることより「三十三字段」とも呼ばれる。

永遠の浄土

今*本時《ほんじ》の娑婆世界*は、三災*を離れ、四劫《しこう》*を出《い》でたる常住の浄土*なり。仏すでに過去にも滅せず、未来にも生《しょう》ぜず、所化《しょけ》*以《もつ》て同体なり。これ即ち己心《こしん》の三千具足、三種の世間なり。

『如来滅後五五百歳始観心本尊抄』定本七一二頁

（現代語訳）

今「本時」という絶対的な時間に開き顕された、われわれが生きるこの娑婆世界は、あらゆる苦難・災いの根本、（火災・水災・風災など）を超克し、また「成劫《じょうこう》」・「住劫《じゅうこう》」・「壊劫《えこう》」・「空劫《くうこう》」という広大無辺の循環を超えた「永遠の浄土」である。

法華経を説く教主釈尊は、絶対にして永遠の仏陀である。久遠実成《くおんじつじょう》*の教主釈尊は、過去の世において入滅したのではなく、また未来の世に生まれることはない。教え導かれる者と一体なのである。すなわちこれは、凡夫であるわれわれの自己の心に三千の世界が具わり、国土世間・衆生世間・五蘊《ごおん》世間という三世間を備えているということである。

「今《いま》」

仏と衆生が感応道交《かんのんどうきょう》（衆生と仏が互いに投合すること）した時をいう。

「本時の娑婆世界」

釈尊と衆生と浄土が一体となった純粋な宗教的世界をいう。法華経を受持する者が教主釈尊とともに住する永遠不滅の浄土であり、法華経の救済の世界。娑婆とは忍耐の意。衆生の住むこの世界を苦しみに満ちた世界（忍耐の世界）として「穢土《えど》」とも称する。

「三災《さんさい》」

火災・風災・水災などの世界を破壊へと導く災い全般をいう。

「四劫《しこう》」（「成劫《じょうこう》」・「住劫《じゅうこう》」・「壊劫《えこう》」・「空劫《くうこう》」）

世界が成立してから破滅・消滅（無に帰する）に至るまでを四つの「期間」にわけたものを「四劫」という。まず、初期段階を「成劫」といい、生きものや自然などが成立する時期を指す。次に「住劫」とは成立したさまざまなものが安定期を迎えた時期を指す。その後「壊劫」となり、大地や山・河などが破壊される時期となり、最後に「空劫」という完全に破壊が終了し、すべてが無となり新たに成立を迎えるまでの時期を迎える。それぞれの期間は「二十小劫」という長い時間を有しており「四劫」あわせて八十小劫を一周期として、この四時期は繰り返されるという。

「常住《じょうじゅう》の浄土」

永遠不滅の仏の世界をいう。

「所化《しょけ》」
能化《のうけ》（教え、導くこと）の仏に教化される十界中、仏界を除いた九界の者をいう。

「久遠実成《くおんじつじょう》」
釈尊はインドのブッダガヤにおいて、はじめて悟《さと》りを開いたわけではなく、久遠という遠い過去世にすでに成仏しているということをいう。妙法蓮華経の二大得意（二大法門）の一つ。特に妙法蓮華経如来寿量品で説き顕される。

「草木国土《そうもくこくど》」
無心（無情）のものをいう。妙法蓮華経では草木や国土は無心であるから成仏しないという説に対して、すべてのものの成仏を説き示す。

「依正不二《えしょうふに》」
周囲の環境（依）と自らの心身（正）は、二つに分かれることはないことをいう。

「地涌《じゆ》の大士《だいじ》」
妙法蓮華経従地涌出品《じゅうじゆじゅっぽん》に説示される、大地より涌き出でた無数の菩薩たちのことをいう。本化《ほんげ》の菩薩とも。妙法蓮華経如来神力品では、釈尊が入滅した後に法華経を弘通することを釈尊に誓い、その役割を委嘱（付嘱）された菩薩たちをいう。

（意訳・見解）

本書は「妙法蓮華経」の五字を受持することによって久遠実成の釈尊とともに、永遠かつ不滅の浄土に住することができるとする。ここにある浄土こそが「今本時の娑婆世界」であり、本時の娑婆世界とは本因・本果・本国土の三妙《さんみょう》が具わった一念三千の世界であるとする。

また一念三千の成仏とは、先の妙法五字を受持する衆生（正報）の即身成仏であるとともに、立正安国という草木国土《そうもくこくど》*（依報《えほう》）の成仏でもある。このような依正不二《えしょうふに》*の成仏の世界を日蓮は「本時の娑婆世界」と称したのである。

『如来滅後五五百歳始観心本尊抄』

文永十年（一二七三）四月二十五日
日蓮五十二歳
述作地・佐渡国一谷
対告・富木常忍、大田乗明、曾谷教信および門下一同

『観心本尊抄』は、日蓮の遺文の中でも最も重要な遺文の一つ。内容は三十番の問答から構成され、これを三段にわけて解釈している。

第一段は「能観題目段《のうかんだいもくだん》」と称し、観心について一念三千論を論じて「本門の題目」を説示する。第二段は「所《しょ》観本尊段《がんほんぞんだん》」と称し、「本門の本尊」について説示。さらに第三段の「弘通《ぐづう》段」においては日蓮自身の法難体験を通じて法華経の真実性を説き、五字こそが末法世の人びとの救済であることを明らかにするとともに、それを弘通するのは法華経に示される「地涌《じゆ》の大士《だいじ》」*であることを明示する。

掲載した箇所は（漢字で表記すると）四十五字にて記されていることから、「四十五字法体段《ほったいだん》」と呼ばれ、、前出の「受持譲与段《じゅじじょうよだん》」とともに本書における最重要部分の一つである。

確固たる信仰心

信なくして此の経を行《ぎょう》ぜんは、手なくして宝山《ほうせん》に入り、足なくして千里の道を企《くわだ》つるが如し。但し近き現証を引きて遠き信を取るべし。

『法蓮抄』定本九四二頁

（現代語訳）

信仰心がないにもかかわらず、法華経を修行することは、手を使わずに宝の山へと入り財宝を手に入れようとするようなものであり、また足を使わずして千里の遠い道を進もうとするようなものである。

信仰心のない修行ではどのような功徳も得ることはできない。今はただひたすら、現実に現れる客観的な事柄により、法華経に対する確固たる信仰心を得なければならない。

「自我偈《じがげ》」

妙法蓮華経如来寿量品の偈文《げもん》（詩文）部分をいう。「自我得仏来《じがとくぶつらい》」という語句から始まることから「自我偈」と呼ばれる。久遠実成の教主釈尊が永遠に住する浄土はこの娑婆世界にほかならない、つまりわれらは法華経に対する「至心《ししん》の信行」によってこの身このままで釈尊と同体となって仏になることができると自我偈には明示されている。

（意訳・見解）

日蓮は、教主釈尊の真意である法華経を受持し弘める「法華経の行者」を害する者（謗法者）は、必ず無間地獄へと堕ちると説いた。

反対に、法華経の行者を擁護《おうご》し賞賛する者は、諸仏に対して多くの供養をするよりも多くの福徳を得られるとする。

したがって日蓮は法華経に対する確固たる信心を獲得するために、「信仰心の重要性」を説くのであった。つまり、形ばかりの信心しか持たなかったとすれば、法華経の「真の功徳」を得ることはできない。そして末法世の今だからこそ、「客観的な事柄による確固たる信仰心の獲得」が重要であると強調するのであった。

『法蓮抄《ほうれんしょう》』

建治元年（一二七五）四月
日蓮五十四歳
述作地・身延
対告・曾谷教信

『法蓮抄』は下総国の大檀越である曾谷教信に宛てたもの。曾谷教信が父の十三回忌にあたり、日蓮に供養の品々とともに、追善回向を依頼したことに対する返書である。

曾谷教信は富木常忍や大田乗明と同じく初期の檀越であり、日蓮の弟子らに引けを取らないほどの教理・教学理解に秀でた人物であった。夫婦揃って信仰深く、「法蓮《ほうれん》日禮《にちらい》」の法名を授けられたことより、曾谷教信に宛てた本書を『法蓮抄』という。

曾谷教信は父の十三回忌の命日に法華経一部を五回読誦したこと、また父の逝去した日から十三回忌のこの日まで欠かすことなく自我偈《じがげ》*を読誦し、父の精霊に対して回向してきたことを日蓮に書簡で伝えた。それに対し日蓮は、「この功徳によって父は必ず成仏する」と明記するとともに、日本国に発生した混乱は謗法に原因があることを述べる。さらに過去に起きた事実を示しながら、謗法者によって生じた日本国の人びとの罪とは何かを記す内容となっている。

法華経信者の成仏

法華経を信ずる人は冬のごとし。冬は必ず春となる。いまだ昔よりきかず、みず、冬の秋とかへれる事を。いまだきかず、法華経を信ずる人の凡夫となる事を。経文には、「もし法を聞く者有れば、一として成仏せざるは無し」ととかれて候ふ。

『妙一尼御前御消息』定本一〇〇〇頁〜一〇〇一頁

（現代語訳）

今、法華経を信仰している人は季節で例えると寒い冬のようなものである。冬は必ず終わり、春を迎え、花が咲き開く。いまだかつて冬が秋となったなど聞いたことはない。それと同じように、法華経を信仰する人が凡夫のままでいるということも聞いたことがない。

故に、妙法蓮華経方便品には「法華経の経文を聞くことができた者は、ただの一人として成仏しないことはない」と説かれているのである。

「阿闍世王《あじゃせおう》」

古代インドのマガダ国の王。提婆達多《だいばだった》の計略によって父王である頻婆娑羅《びんばしゃら》王を殺害し、母の韋提希夫人《いだいけぶにん》を幽閉したことにより、悪王とされた。しかし後に改心して釈尊の教えを受けて、釈尊滅後の教団の大外護者となる。

「提婆達多《だいばだった》」

釈尊の弟子の一人、阿難《あなん》の兄で釈尊のいとこにあたる。釈尊に従って出家したが、名誉欲や執着心が強く、釈尊を殺害して教団を乗っ取ろうと画策した。日蓮は「五逆罪《ごぎゃくざい》」の中、「出仏身血《すいぶつしんけつ》（仏を出血させる罪）」、「殺《し》阿羅漢《あらかん》（修行者を殺害する罪）」、「破和合僧《はわごうそう》（修行者の和合を乱す罪）」を犯して、遂には無間地獄へ堕ちたとする。

（意訳・見解）

法華経を篤く信仰していた夫を亡くした妙一尼。その妙一尼が今後を案じていることを日蓮は感じ取った。法華経を信仰した亡き夫は必ず成仏する。妙一尼の悲しみに寄り添い、慰めた部分が掲載した箇所である。

日蓮は、釈尊にとって「謗法」という重病に侵された阿闍世王《あじゃせおう》＊や提婆達多《だいばだった》＊こそが最も気がかりである「病の子」であったことを述べ、釈尊と同じように亡き夫も皆を案じて嘆いているのではないかと思いを巡らしている。

そして四季の移ろいを例えに挙げて、法華経を信じる者は必ず成仏する道理を示し、亡き夫が必ず妙一尼などを護ってくれると彼女の心に寄り添い、万一のことが起きれば子どもたちの世話をしよう、と約束している。

本書からは、法華経への信仰、またその功徳によって救済が叶うとする法華経信仰を基とした、弟子檀越らの悲しみを分かちあう日蓮の姿をみることができる。

『妙一尼御前御消息《みょういちあまごぜんごしょうそく》』

建治元年（一二七五）五月
日蓮五十四歳
述作地・身延
対告・妙一尼

鎌倉の女性檀越である妙一尼が身延に滞在する日蓮のもとに、衣の供物を贈った。本書はそれに対する日蓮の返書である。

妙一尼は、源頼朝が由比ヶ浜を遠望するために作った桟敷の近隣の地に居住していたことより「さじきの女房」また「さじきの尼御前」とも呼ばれる。印東三郎左衛門祐信の妻で弁阿闍梨日昭の母であるという説も提起されているがその真偽は定かでない。日蓮の佐渡配流中に夫が死去し、単身で二人の幼な子など抱える身となったが、法華経信仰を貫き、日蓮を外護した。

「時《とき》」の重要性

それ仏法を学《がく》せん法は必ず先《ま》づ時《とき》をならうべし。過去の大通智勝仏《だいつうちしょうぶつ》*は、出世し給ひて十小劫《じっしょうこう》が間、一経も説き給はず。経に云《いわ》く、「一坐十小劫《いちざじっしょうこう》」と。また云く、「仏、時のいまだ至らざるを知ろしめし、請《しょう》を受くるも黙然《もくねん》として坐す」等と云云。今の教主釈尊《きょうしゅしゃくそん》は四十余年の程、法華経を説き給はず。経に云く、「説くべき時いまだ至らざるが故に」と云云。

『撰時抄』定本一〇〇三頁

（現代語訳）

仏法を学び、その完成を目指す者は、必ず「時《とき》」を理解しなければならない。

妙法蓮華経化城喩品《けじょうゆほん》によると、過去仏である大通智勝仏《だいつうちしょうぶつ》は、衆生救済のために世に現れても、十小劫《じっしょうこう》という長い期間、説法を要請されても、一経として説くことはなかった。

したがって「一度禅定《ひとたびぜんじょう》に入ったまま十小劫」とも、また「仏は説法すべき時が到来していなかったが故に、説法を要請されても黙って坐を立つことはなかった」とある。

今、教主釈尊も同じく、成道《じょうどう》した後の四十余年もの間、「仏の真意」である法華経を説くことはなく、これを妙法蓮華経方便品において「説くべき時が来なかったからである」と示している。

「大通智勝仏《だいつうちしょうぶつ》」

妙法蓮華経化城喩品において説示される過去仏であり、三千塵点劫《さんぜんじんてんこう》という悠久の過去世に出現して法華経を説いた仏。大通智勝仏は、仏となる以前に十六人の息子（王子）がおり、その十六人は大通智勝仏の説法を聞いたことを縁として、それぞれが仏となったという。阿閦仏《あしゅくぶつ》や阿弥陀仏などはこの十六人の息子の一人で、最末子が釈尊である。釈尊はこの時の結縁の衆生救済を目的として娑婆世界に出現し、法華経を説いたとされる。

（意訳・見解）

『撰時抄』は、「時」の重要性を説いているが、この「時」は単に過ぎゆく時間を意味しているのではなく、釈尊滅後の仏法流布の次第である「三時」を示したものである。

三時とは正法期（教えがあり、それを正しく行ずることができ、さらにその証として解脱が可能である時期・一千年間）、像法期《ぞうぼう》（教えはあるが、行ずることが次第に形骸化していく時期・一千年間）、末法期（教えのみが残る時期・一万年間）をいう。

日蓮は特に末法という「時」にこそ釈尊の未来記《みらいき》（未来に起こることに関わる説示）であり、真意である法華経が流布し、その深意が発揮されるのであるとして、「故に仏も教法説示において時期を考え、そして説くべき時には説く、説かざる時には説かないとしているのだ」とする。

『撰時抄《せんじしょう》』

建治元年（一二七五）九月
日蓮五十四歳
述作地・身延
対告・未詳

佐渡国から鎌倉に帰還して間もない文永十一年（一二七四）四月八日、日蓮は平左衛門尉頼綱と対談する。「蒙古はいつ攻めてくるのか」との頼綱の質問に対し、日蓮は「年内には襲来するであろう。この意見を幕府が聞き入れないと蒙古襲来は避けられない」と述べた。

このわずか半年後の同年十一月、蒙古は九州を襲撃した。いわゆる「文永の役」である。蒙古の襲来を予期していた日蓮は、自らを「一閻浮提《いちえんぶだい》第一の聖人《しょうにん》」（『聖人知三世事《しょうにんちさんぜじ》』）であると確信し、執筆したのが本書である。

また『撰時抄』は、仏法の弘通には「末法」という時代が切っても切れない関わりがあるとし、日蓮の独自法門である「五義」の内、「時」をとりわけ強調するのである。この五義とは「五義判《ごぎはん》」「五綱《ごこう》の教判」などとも称され、日蓮の伊豆配流中『教機時国鈔』（弘長二年・一二六二）において開示した法門である。

その内容は、「教」（釈尊一代五十年の教説より、法華経に釈尊の真意があるとする）、「機」（衆生の機根をいい、物事を理解するレベル）、「時」（正法が説かれる時期をいい、末法こそが法華経が流布する時であるとする）、「国」（教えを弘め、機根によって教の保たれる国、日蓮は日本国を法華経の流布すべき国とする）、「序」（釈尊滅後の教法流布の順序）から成る。

このうち「序」は、佐渡配流を経て、『観心本尊抄』を著した後に「師」（正法弘通の導師）へと変換していくが、日蓮が身延に滞在していた時期に大きく展開され、本書において結論が明確になっていったとされる。

末法における法華経の流布

衆《しゅ》流《る》あつまりて大《たい》海《かい》となる。微《み》塵《じん》つもりて須《しゅ》弥《み》山《せん》*となれり。日蓮が法華経を信じ始しは、日本国には一《いっ》帯《たい》一《いち》微《み》塵《じん》のごとし。法華経を二《に》人《にん》・三人・十人・百千万億人唱え伝うるほどならば、妙《みょう》覚《がく》の須弥山*ともなり、大《だい》涅《ね》槃《はん》の大海*ともなるべし。仏になる道は此れよりほかに又もとむる事なかれ。

『撰時抄』定本一〇五四頁

〈現代語訳〉

多くの水の流れが集まって大海となる。

また一微塵が積もり積もって須弥山となる。

日蓮が法華経を信じ始めたころは一滴の水、またわずかな塵のようなものであった。

しかし法華経の題目を二人、三人、十人、そして百千万億人と次第に唱え伝えていったならば、妙覚の仏果を得た須弥山、また大涅槃の妙果《みようが》を得た大海ともなるのであろう。

故に仏道に入って悟りを得ようとするならば、題目を離れて他を求める必要はないのである。

「須弥山《しゆみせん》」
仏教の世界観の一つ。世界には九つの山・八つの大海（九山八海）があり、その中心に存在するのが須弥山である。この山の高さは八万由旬《ゆじゆん》とされ、その周囲を太陽と月が巡っている。また四方には四つの世界があり、南方にある「南閻浮提《なんえんぶだい》」という世界はわれわれの住む世界であるとする。

「妙覚《みようがく》の須弥山《しゆみせん》」
仏道修行の位の一つであり、その中でも最上位に位置する。仏位とも。悟りの山を意味する。

「大涅槃《だいねはん》の大海《たいかい》」
悟りの大海を意味する。悟りの広大な境地を「大きな海」として表現する。

（意訳・見解）

日蓮は『撰時抄』において、末法世という「時《とき》」の重要性を強調した。そしてこの末法世という「時」においてこそ、法華経はその真価を発揮し、日本国を始めとして全世界に広く弘まる（流布する）のだという。

法華経弘通によって引き起こされた数々の法難を乗り越えた日蓮は、ここで紹介したように、今までの法華経弘通の日々をふり返りながら「法華経流布を受容する境地」を明らかにするのである。

つまり、「末法における法華経流布」について日蓮は題目（南無妙法蓮華経）を受持することにより、教主釈尊や諸仏諸菩薩がましますま霊山浄土に引き入れられるとし、ここに日蓮の「法華経受持の重要性」という信仰的境地が明らかになるのである。

『撰時抄』

建治元年（一二七五）九月
日蓮五十四歳
述作地・身延
対告・未詳

問答体で構成される『撰時抄』は、五義中「時」を強調するが、同時に正法である法華経の弘通が念仏・禅そして真言によって阻《はば》まれていることを詳述する。特に慈覚大師は天台僧、天台座主、そして伝教大師の弟子でありながら「真言が法華よりも勝れている」と主張したとして、日蓮は慈覚大師に対し強烈に批判を加えた。そして慈覚大師の影響によって比叡山が密教化（台密）し、本来の姿を失ったとして、伝教大師の真意とは何かを明らかにする。

日蓮は『撰時抄』において「余に三度の高名あり」と述べ、自らが生涯に行った三度の国諫《こっかん》（国を諫暁すること）についても詳述する。

その三度とは、

①文応元年（一二六〇）の『立正安国論』の上呈時、取次であった得宗被官・宿屋入道最信に対し「禅宗と念仏宗とを失給べしと申させ給へ。此事を御用なきならば、此一門より事をこりて他国にせめられさせ給べし」と述べたこと。

②文永八年（一二七一）、平左衛門尉頼綱らに鎌倉の草庵で捕縛される際に「日蓮は日本国の棟梁《とうりょう》なり。予《われ》を失ふは日本国の柱橦《はしら》を倒すなり。只今に自界反逆難《じかいほんぎゃくなん》とてどしうちして、他国侵逼難《たこくしんぴつなん》とてこの国の人々他国に打殺さるるのみならず、多くいけどりにせらるべし」と強く諫めたこと。

③佐渡配流赦免直後の文永十一年（一二七四）、平左衛門尉頼綱との対談時、「殊《こと》に真言宗がこの国土の大《おお》なるわざわひにては候なり。大蒙古を調伏《じょうぶく》せん事、真言師には仰せ付けらるべからず。もし大事を真言師調伏するならば、いよいよいそいでこの国ほろぶべし」と述べ、念仏・禅への信仰を止め、特に真言師に怨敵調伏の祈禱を命じるならば状況は悪化の一途をたどるだろうと諫めたこと。

である。

題目の超勝性《ちょうしょうせい》

日蓮が慈悲曠大《じひこうだい》ならば、南無妙法蓮華経は万年の外《ほか》未来までもながるべし。日本国の一切衆生の盲目をひらける功徳あり。無間地獄の道をふさぎぬ。此の功徳は伝教《でんぎょう》*天台《てんだい》*にも超へ、龍樹《りゅうじゅ》*・迦葉《かしょう》*にもすぐれたり。極楽百年の修行は穢土《えど》*の一日の功に及ばず。正《しょう》・像二千年《ぞうにせんねん》*の弘通は末法一時に劣るか。是はひとへに日蓮が智のかしこきにはあらず。時のしからしむる耳《のみ》。春は花さき、秋は菓《このみ》なる、夏はあたゝかに、冬はつめたし。時のしからしむるに有らずや。

『報恩抄』定本一二四八～四九頁

（現代語訳）

日本国の一切衆生の救済を願う日蓮の慈悲の心が広大であれば、衆生救済の法である「南無妙法蓮華経」は万年どころか未来永劫までも弘まるであろう。

これは日本国のすべての人びとの閉じた眼《まなこ》を開く功徳があり、無間地獄へ堕ちる道を塞ぐであろう。

またこの功徳は伝教大師や天台大師の功徳をも超え、龍樹菩薩や迦葉尊者の徳行よりも勝れている。極楽において百年間にもおよぶ修行の功徳も、この迷いの世界である穢土（娑婆世界）で積む一日の題目受持や唱題の功徳には遠くおよばない。正法期と像法期の二期にわたる二千年間もの仏教弘通の功徳もまた、末法期における僅かな時間の弘通の功徳にも遠くおよばない。これは日蓮の智恵が勝れているからではなく、末法期という時期の必然的な「ありよう」である。

まさにそれは春には花が咲き、秋には実を結び、夏は暖かく冬は冷たいようなもので、これは時節が自然にそうさせているからに相違ない。

「伝教《でんぎょう》」

伝教大師最澄のこと。伝教は近江国（現在の滋賀県）に生まれ、十二歳で出家した。日本国内で学んだ後、延暦二十三年（八〇四）に遣唐使として唐に渡り翌年に帰国する。唐で天台教学を学び、天台系典籍を多く日本に伝えた。

帰国後は桓武天皇より厚遇を受け、比叡山延暦寺を中心にして一乗思想（法華経に説かれるすべてのものが成仏することができるとする思想）を説き、日本天台宗の開祖となる。

「天台《てんだい》」

天台（智者）大師智顗《ちぎ》のこと。中国湖南省に生まれ、二十三歳の時に南岳大師慧思《なんがくだいしえし》の元で法華三昧《ほっけさんまい》を修したという。三十八歳の時に浙江省にある天台山で「天台三大部」を講じて天台教学を体系づけ、一念三千・十界互具《ごぐ》の教説を立て中国天台教学の大成者となる。

「龍樹《りゅうじゅ》」

龍樹菩薩のこと。南インドのバラモンの家に生まれ、若くして博学であった龍樹は、仏教に帰依した後は初め小乗を学んだが満足することができず、北インドに赴き大乗の教理を学んだ。多くの論書を著し、晩年には故郷の南インドに帰って亡くなったという。

「迦葉《かしょう》」

釈尊在世中の弟子で十大弟子の一人。「頭《ず》陀《だ》第一《だいいち》」また「行法第一《ぎょうほうだいいち》」とも称される。釈尊の弟子中「迦葉」は数人存在しており、妙法蓮華経序品では「摩訶迦葉《まかかしょう》」「優楼頻螺迦葉《うるびんらかしょう》」「伽耶迦葉《がやかしょう》」「那提迦葉《なだいかしょう》」の名が記されている。この内、十大弟子は「摩訶迦葉（大迦葉）」であり、釈尊入滅後の第一結集《だいいちけつじゅう》時には長老の一人として教団を統率する役割を担っていた。妙法蓮華経授記品において、後に「光明如来《こうみょうにょらい》」となると授記されている。

「穢土《えど》」

浄土に対する語であり、煩悩などが充満する世界のこと。三界六道《さんがいりくどう》の苦界がこれにあたり、法華経の迹門《しゃくもん》（法華経の前半部分）や諸経典において人界《にんがい》（人間の生きる世界）である娑婆世界が穢土と説かれる。法華経の本門（法華経の後半部分）においては娑婆世界が穢土であるという考えは否定され、娑婆世界こそが釈尊が常住する本土であるとされ、日蓮もまたこの法華経本門に立脚し、娑婆世界こそが教主釈尊が住みたまう「永遠の浄土」であるとする。

「正《しょう》・像《ぞう》二千年《にせんねん》」

仏教流布の順序とその内容を三区分した「三時説」における正法期・像法期の二期をいう。正法期には前期五百年と後期五百年、また像法期も同じく前期五百年と後期五百年の区分があり、この正法期一千年・像法期一千年を合わせて「正・像二千年」という。

（意訳・見解）

日蓮は人間の根本的な道徳として「知恩報恩《ちおんほうおん》」を挙げる。そして仏道において題目「南無妙法蓮華経」の弘通こそが「真の報恩」であり、主君や親また師匠を盲信して随うような「世俗的な倫理観（孝養）」を超えるものであるとする。

日本国の一切衆生の救済を願う日蓮の慈悲の心が広大であれば、末法救済の法である「南無妙法蓮華経」は万年どころか未来永劫までも弘まるであろうと、「法華経の行者」として今まで歩んだ法華経弘通は真の報恩を実践してきた自負を述べる。

そして末法世における題目受持の重要性やその功徳を挙げ、すべては教主釈尊の教えが優れているのであり、その中でも釈尊の真意である法華経によって「末法の衆生救済」は約束されて、それはあたかも移りゆく四季の変化と同様であると説示している。

『報恩抄』

建治二年（一二七六）七月二十一日
日蓮五十五歳
述作地・身延
対告・旧師道善房の霊前および浄顕房、義浄房

建治二年（一二七六）、日蓮のもとに出家の師である道善房が死去したとの知らせが届く。

本来であれば急いで参上すべきであるが、身延入山以降「身延不出山の誓」をたてていたため、また遁世（隠遁）のように世間の人に思われているため、軽々しく身延山を下りるわけにはいかないとして（『報恩抄送文』）直ちに『報恩抄』を執筆した。そして弟子（佐渡《さど》阿闍梨《あじゃり》日向《にこう》と伝わる）を派遣し、墓前にて読み上げさせ、兄弟子である浄顕房・義浄房の二人にも読み聞かせるようにした（前同書）。

『報恩抄』執筆の直接の目的は、道善房への報恩感謝と追善回向であったが、兄弟子二人への法門開示という意味もあった。道善房は清澄寺の僧として天台僧であったが、浄土教を信奉しており、日蓮は旧師に対して幾度も法華信仰を説くが、首を縦に振ることは生涯なかったようである。

法華経の行者としてあらゆる法難迫害に遭遇した生涯を歩み、宗教的功徳を得た日蓮は、この功徳はすべて「出家」という第一歩によるものだとする。さらに、そのきっかけを与えてくれた道善房に対し、功徳のすべては道善房の身に集約されるのだと本書の結びに記している。

法華経信仰の心得

濁水《じょくすい》心《こころ》なけれども、月を得《え》て自《おのずか》ら清《すめ》り。草木《そうもく》雨《あめ》を得てあに覚あって花さくならんや。妙法蓮華経の五字は経文にあらず、その義《ぎ》にあらず、ただ一部《いちぶ》の意《こころ》のみ。初心の行者その心《こころ》を知らざれども、しかもこれを行ずるに、自然《じねん》に意《こころ》に当《あた》るなり。

『四信五品抄』定本一二九八頁

(現代語訳)

濁った水も月を浮かべておのずと澄んでいくように、また、草や木も雨を受けて花を咲かせるように、「妙法蓮華経」の五字は単なる経文というのではなく、月であり、雨の役目を果たすのである。つまり仏の真意が意味するところを理解できなくとも「初心の行者」は信じさえすれば、法華経の真意をおのずと体得することができるのである。

（意訳・見解）

信仰生活とは何か、またどのように日々を過ごせば良いのか、信仰を志したばかりの「初発心《しょほっしん》の者」が思い悩むのは当然のこと。篤い信仰心を持つ者でさえも、その深き信仰が故に思い悩むのである。「自らの信仰は間違っていないか」また「日々の生活の中、どのような心構えでゆけば良いのか」。このような悩みに対して日蓮は末法世における「法華経信仰の心得」を示すのである。

「南無妙法蓮華経」の題目には釈尊のすべての功徳や教えが具《そな》わっており、単なる経文ではなく、唱題（南無妙法蓮華経の題目を唱えること）を行うことで功徳は自然と得られるとする。つまり、末法世の修行はひたすらに題目受持（唱題）によるべきであることを明らかにして、それが法華経修行の実践となることを示している。

『四信五品抄《ししんごほんしょう》』

建治三年（一二七七）四月十日
日蓮五十六歳
述作地・身延山
対告・富木常忍

日蓮の大檀越であった富木常忍は、信仰への心構えや信行、また題目や法華経の法門の内容理解についての質問状を日蓮に送った。本書はそれに対する返書である。

実際、富木常忍は質問状を日蓮へ直接送ったのではなく、日蓮の高弟（後の六老僧の一人）である弁阿闍梨日昭《にっしょう》に宛てており、この日昭を経て日蓮へ「お尋ねする」という形となっている。

富木常忍は最初期の檀越であるとともに、講会《こうえ》の講師を務めるなど教団内において在俗の身ではあったが、弟子に劣らないほどの、教学理解に優れた人物であった。

漢文体また問答形式をとっている本書は古来、「末代法華行者位並用心事」、「末代法華次位抄」、「初心行者位抄」「末法不持戒記」などとも呼ばれ、系年については建治三年（一二七七）三月朔日説も存在し、「四月十日」は執筆日ではなく、富木常忍の元に届いた日付であるとする説も存在する。

法華経信仰と日常

御みやづかい（仕官）を法華経とをぼしめせ。「一切世間の治《ち》生《しょう》産《さん》業《ごう》*は皆実相と相違背せず」とは此れなり。かへすがへす御文の心こそをもいやられ候へ。

『檀越某御返事』定本一四九三頁

〈現代語訳〉

仕官して主君に仕え、日々を送ることは、法華経修行と同じと考えるがよい。

（天台大師智顗の『摩訶止観《まかしかん》』の中においても）「あらゆる世間の生活と産業《さんごう》は、すべて仏の真実の知見と相違することはない」と書かれており、故に世間一般の生業《なりわい》と法華経への信仰は同様であるとされる。したがって法華経の経文の心（意図）を大切にして、理解するようにしなければならない。

「**治生産業《ちしょうさんごう》**」
一般的な社会生活全般をいう。

（意訳・見解）

法華経信仰の実践というのは、世俗（世間一般）的に自らに与えられた仕事や課せられた使命を果たすことと同様である。『檀越某御返事』では、法華経を篤く信仰している四条金吾に対して、今まで通りに主君（江馬光時）に仕えることが、法華経受持また実践していることになると示している。つまり、日常生活と信仰生活は「両の輪」であり、日々の務めに励み、充実することが信仰生活の充実へとつながるとする。

『檀越某《だんのつぼう》御《ご》返事《へんじ》』

弘安元年（一二七八）四月十一日
日蓮五十七歳
述作地・身延
対告・檀越某（四条金吾か）

弘安元年（一二七八）頃、鎌倉で日蓮を再度流罪にしようとする噂が流れた。四条金吾は、そのことを身延にいる日蓮に知らせるべく書状を送り、その返書が本書である。

日蓮は、その噂が本当であれば三度目の配流となるため、「日蓮が法華経の行者」であることはさらに疑いないものとなるであろうとする。そして教主釈尊や諸仏諸菩薩の加護と利益がある故に、それを見届けようと思うとして「法華経の行者」としての不退転の決意を表明する。

『檀越某御返事』には宛名が書かれていない。故に「檀越某御返事」とされているが、その内容からみて現在では四条金吾に宛てたものとみられている。

手紙から読み解く日蓮のことば

【生活編　日頃の悩み】

自分と周囲

「なぜ自分だけが悩むのか」
「自分だけが損している気がする」
「周りの人だけ幸せになっている」

かかる浮世《うきよ》には互につねにいいあわせて、ひま（間）もなく後世《ごせ》ねがわせ給ひ候へ。

『法華行者値難事』定本七九九頁

（現代語訳）

このような浮き世（現世）の出来事に一喜一憂するのではなく、常に互いに人としての正しい生き方や、素直な気持ちを持つことができるように励まし合いながら、感謝を忘れることなく後の世の救いを願うことが重要である。

（意訳・見解）

日々の暮らしの中で、思い悩まない時はない。日蓮が生きた時代もまた、人びとは悩みを抱えながら生きていた。

二〇二〇年以降、「新型コロナウイルス感染症（Covid-19）」が多くの人びとの悩みの種になっている。「新たな生活様式」が声高に叫ばれ、仕事も日常生活も一変してしまった。大人から子どもまで、これまで経験したことのないストレスを抱え、「新・日本国民総ストレス時代」となったのではなかろうか。なかでも飲食業界の方々はお店をたたむ決断をしたり、また転職をされた方が多くいたと思う。「こんなはずではなかった」と思うことはもはや日常茶飯事になってしまったようだ。

しかしどうだろう。自らが苦しい状況にあっても、他者に対して節度を持って対応する人びとがいる。また、自分の身や立場をなげうってでも「人のために」と働く人びとがいる。

人は弱い生き物である。喜ばしいことがあれば有頂天になる。また悲しみにうちひしがれることがあれば「自分なんて」また「なぜ自分だけが」と落ち込む。人間は喜怒哀楽を持つ生き物であるからこそ、この「感情」の働きを「苦しい時」にこそ見つめ直してはどうだろうか。

「働く」とは人偏に動くと書く。これを「人のために動く」と受け止めることはできないだろうか。周囲は敵ばかりではないはずだ。必ず自分を見てくれている人がいる。素直に他者に、そして自分に向き合うことができたなら、あなたは変われるはずだ。それにより、今まで見えなかった「未来への道しるべ」が示され、新しい道に向かって歩むことができるだろう。

『法華行者値難事《ほっけぎょうじゃちなんじ》』

文永十一年（一二七四）一月十四日
日蓮五十三歳
述作地・佐渡一谷
対告・富木常忍ら諸人

本書は富木常忍の他、諸人に宛てた書状である。「法華経の行者は釈尊・天台大師智顗《ちぎ》・伝教大師最澄の三人である」と日蓮以前の法華経弘通者の名を挙げ、末法世の今は仏説にある「法華行者の値難《ちなん》」が発生することは疑いないと記した。

また、文永十年（一二七三）十二月に北条宣時《のぶとき》が偽の御《み》教書《ぎょうしょ》を下して、日蓮に対して行った迫害こそが妙法蓮華経法師品「如来の現在すらなお怨嫉《おんしつ》多し、いわんや滅度《めつど》の後《のち》をや」の経文にあたるとして先の「法華行者の値難」の意義を明確に示し、弟子檀越の法華経信仰を激励した。

心身の不安

「いつか病気になるのではないか」
「いまの病気がさらに悪化したらと思うと眠れない」
「ちょっとした体調不良が続く」

それ病《やまい》に二《に》あり。一《いち》には軽病《けいびょう》、二《に》には重病《じゅうびょう》。重病すら善医《ぜんい》に値《あ》ふて急に対治すれば命《いのち》なお存《そん》す。何かにいわんや軽病をや。業《ごう》に二あり。一には定業《じょうごう》、二には不定業《ふじょうごう》。定業すらよくよく懺悔《さんげ》すれば必ず消滅す。何かにいわんや不定業をや。
法華経第七に云く「この経はすなわちこれ閻浮提《えんぶだい》*の人の病の良薬《りょうやく》なり」等云云。この経文《きょうもん》は法華経の文《もん》なり。一代の聖教《しょうぎょう》は皆如来の金言《きんげん》、無量劫《むりょうこう》より以来《いらい》不妄《ふもう》語《ご》の言《ことば》なり。なかんづく此の法華経は仏の「正直に方便を捨てて」と申して真実が中の真実なり。

『可延定業御書』定本八六一頁

（現代語訳）

病気は二つに分類できよう。一方は軽病であり、もう一方は重病である。重病ですら、名医と出会い、急いで治療すれば回復し、寿命を延ばすことができる。故に軽病が治しやすいことはいうまでもない。

また「業《ごう》」といわれる、過去世の行いにより影響を受けてしまうはたらきにも、二つ存在する。一方は定業（例えば寿命）と呼ばれるものであり、もう一方は不定業（例えば突発的な事故）と呼ばれるものである。過去世からの行いが現在に影響する定業ですら、よくよく日々の行いなどを省みることで、それらを消滅（延長）させることは可能である。いうまでもなくわれらの日々の行い（不注意など）を見直すことにより、現在の生活に影響を与える「不定業」が消滅しないはずがあろうか。

「閻浮提《えんぶだい》」

仏教の世界観の一つ、須弥山説に示される大陸。宇宙の中央にそびえる須弥山の南方にあるため南閻浮提《なんえんぶだい》ともいい、人間の住する世界とされる。また諸仏が出現するのはここだけであるともされる。

「陳臣《ちんしん》」

天台大師智顗《ちぎ》の兄、陳鍼《ちんしん》のこと。占い師に死期の近いことを告げられ、智顗の勧めによって懺悔滅罪の宗教儀礼「方等懺法《ほうとうせんぼう》」を修したことにより、寿命を十五年延ばしたと伝わる。

（意訳・見解）

ひと昔前には聞いたこともない新しい病が発生している。一五〇頁でも挙げた「新型コロナウイルス」に代表される新種のウイルスによるものもあれば、新たに病名が付され、「病」となった心身の不調など、その数は「無数」といっても過言ではない。昔から「病は気から」といわれるが、その「気持ち」そのものが原因となり「病」となっているものもあるから実にやっかいである。

女性檀越の一人である富木尼は病弱であったと伝わる。その富木尼に対して日蓮は「病には重病と軽病の二種あって、重病ですら良い医師と出会うことで快復することができる」として現実的な解決策を提示する。そして自らの行動によって左右される「業（カルマ）」も日々の行動を見直すことで消滅させることは可能であるとして「不安」の解消も示している。

不安とは「安《やす》んじる」に否定の「不」がついた言葉であり、心の安心・安全が保てなくなっている状態である。この心の不安定こそが不安であり、「病」はそこにつけ込むのではないか。ここにもあるように、不安を感じるならばそれを取り除けばよい。つまり不安の根源に目を向けることによって退治の方法も理解できるだろう。体調が悪いならば医師に診てもらうとよいだろう。また人と会うのが怖いならば、少しの間距離を置くのもよいだろう。疲れたならば休めばよい。

それを「逃げ」と思わないこと、そして少し時間を置いたら必ず前を向いて進むこと。不安から自ら「病」を生んではいけないのである。行いを省みて、行動を起こすことこそが改善の第一歩である。そうすることにより「安穏とした人生」を送ることができるだろう。

『可延定業御書《かえんじょうごうごしょ》』

文永十二年（一二七五）二月七日
日蓮五十四歳
述作地・身延
対告・富木尼御前

本書は大檀越である富木常忍の妻、富木尼の病を日蓮が心配し宛てた書状である。病の床に伏した富木尼に対して、日蓮は阿闍世王や陳臣＊などの故事説話を引き、また日蓮が実母を死の淵から蘇生させた例などを挙げ、法華経は「閻浮提の人の病の良薬」と示しながら正しい信仰により如何なる病も必ず快復するにちがいないと慰める。

同じく過去の世からの行いが現在に影響する定業ですら法華経への信仰により延ばすことが可能であると示すことより本書は『可延定業御書』と称される。信仰による病平癒を示しつつ、良い医師と出会い、急いで治療をしなければならないと「現実的な対応」を示す点も注目される。

死という選択

「死んだほうが楽になるのではないか」
「いつになったら平穏な日々を送ることができるのか」
「明日、学校・会社があると思うと死にたくなる」

命と申す物は一身《いつしん》第一の珍宝なり。一日なりともこれをのぶるならば千万両の金《こがね》にもすぎたり。法華経の一代の聖教に超過していみじきと申すは寿量品《じゆりようほん》のゆへぞかし。閻浮《えんぶ》第一の太子なれども短命なれば草よりもかろし。日輪のごとくなる智者なれども夭死《わかじに》あれば生犬《いけるいぬ》に劣る。

『可延定業御書』定本八六二～六三頁

（現代語訳）

命というものは、人間にとって最も大切な、第一の宝である。一日でもこれ（命）を延ばすことができるならば、千万両の金《こがね》よりも大変な価値のあるものである。法華経がすべての経典の中で優れているのも、妙法蓮華経如来寿量品によって釈尊の命が久遠*（永遠）であることを説き示されているからである。

世界中において最もすばらしい王子であったとしても、短命であったならば、その価値は草よりも軽い。また太陽のように光り輝くような智慧を持つ者であったとしても、若死にしたのではその価値は犬よりも劣るものである。

「久遠《くおん》（実成《じつじょう》）」

妙法蓮華経如来寿量品において「我れ、実に成仏してより已来、無量無辺百千万億那由佗劫なり」と説示され、釈尊は実に五百億塵点劫の久遠の過去世に成仏しており、それ以来、常に娑婆世界にあって人びとを教導教化してきたことを、釈尊自らが明かされる。久遠実成は法華経における「二大得意」、「二箇の大事」のひとつ。

（意訳・見解）

人の命は代えがたい宝である。本書のこの一文に過ぎたる言葉は存在しない。命を一日でも延ばすことができればどれだけの金銀を出しても惜しくはない。しかし今の世に目を向けると、「自死問題」は根深く、社会問題となっている。思い悩みながらその解決策を見いだせず、絶望して最終的に「死」を選ぶ人の何と多いことだろう。若い方から高齢の方まで広い世代で「自殺」が問題になっていることから、「悩みが解決できない」、その先には「死」しかないと考えるのは老若男女同じなのだ。これより、人びとの抱える悩みも多種多様であると知ることができる。

若い方の自死の要因をみると「見通せぬ未来への不安」や「人間関係」などが主に挙げられる。高齢の方は「体調の不安」や「介護」、そして「見通せぬこれからの不安」が挙げられる。命に対して日蓮は法華経の文を引きながら、どれだけ優れて、人びとから尊敬を集めるような人物であったとしても、短命であったならば、価値は軽く何にも劣ってしまうと強く示している。

日々悩まず、不安を感じない時はない。これはいつの時代でも変わりないのではないか。人間関係に悩み、体調不良や周囲の変化に振り回されるのは自分一人だけではない。ではどのように人びとはこれらを乗り切っているのだろう。「時が解決してくれる」などと表現されるが、その「時」はいつ来るのだろう。「解決」とはなんだろうか。堂々巡りを繰り返してしまう。これは筆者も同じである。悩みは人と比べても何の意味もない。悩んでいる人が「悩むその内容」が一番辛く、一番苦しいものなのだ。であるならば人と比べずに「とりあえず」明日の一日を過ごしてはどうだろう。明日は「今日と違う日」

かもしれない。また「解決の糸口」が見つかる日かもしれない。明日は「悲しみが癒える日」であると信じて今日を、今を生き延びよう。

『可延定業御書《かえんじょうごうごしょ》』
文永十二年（一二七五）二月七日
日蓮五十四歳
述作地・身延
対告・富木尼御前

本書は、富木尼に対して法華経を信仰により、どんな病も回復するにちがいないとして法華経への深い信仰を勧め、なおかつ「命の大切さ」を説いている。次いで、富木氏と同じく日蓮の大檀越、四条金吾は武士であり、医術に長けているので、金吾に治療を依頼するがよいとしながら、金吾という人物の「人となり」やその性格にふれ、治療依頼に関するアドバイスを述べる。このように本書は「人間の心の機微」にまで細心の注意を払う日蓮の檀越に対する「心配り」を知ることができるものとなっている。

故郷と両親

「実家に帰る勇気がない」
「家を出てしまった後、一度も帰っていない」
「実家に戻りたいが戻ることができない」

峯に上りてわかめや（生）いたると見候へば、さにてはなくしてわらびのみ並び立ちたり。谷に下りてあまのりやをいたると尋ぬれば、あやまりてやみるらん、せり（芹）のみしげりふ（茂伏）したり。古郷《ふるさと》の事はるかに思ひわすれて候ひつるに、今此《こ》のあまのりを見候て、よしなき心をもひいでて、う（憂）くつらし。かたうみ（片海）・いちかは（市河）・こみなと（小湊）の礒のほとりにて昔見しあまのりなり。色形あぢわひもかはらず。など我父母かはらせ給ひけんと、かたちがへ（方違）なるうらめ（恨）しさ、なみだをさへがたし。

『新尼御前御返事』定本八六五頁

（現代語訳）

身延の峰に登って「わかめ」が生えていないかと見まわすと、代わりに「わらび」ばかりが生い茂っている。また谷を下って「甘海苔」が生えていないかと人に尋ねると、探し方が悪いのだろうか「せり」ばかりが生い茂っている。このように海産物とはまったく縁のない場所であるために、ことさら故郷のことを忘れていたにもかかわらず、今回供養として送られてきた甘海苔を目にして、わけもなく心が締め付けられるような想いとなり、物憂げに辛くなってしまった。これは見まごう事なき片海・市河・小湊あたりの磯で、遠い昔に見た甘海苔に間違いなく、色も形も味も昔と同じであった。何もかも昔と同じであるのに、どうして自分の父母だけが死去し、また帰ってきてくださらないのかと、まるで見当違いの恨めしさに涙が流れて止めることができない。

（意訳・見解）

本書を読むと日蓮の望郷の想いが伝わってくる。冒頭には故郷の安房国の海辺の様子と身延山中の様子を、生い茂る植物をもって対比させ描いている。受け取りようによってはユーモアに富んだ表現であるともいえるが、根底にあるのは遠い故郷を想う「望郷の念」であり、故郷を心に浮かべては物憂げに辛くなったと記している一文からもその切なさをうかがうことができる。

思いがけず海辺の品が送られてきたことにより、故郷の様子がありありと浮かんだのであろう。幼き日々を送った故郷の海辺は色褪せることなく思い出され、今は亡き両親もまた穏やかな笑顔で自分を受け入れてくれるような気になったのではないだろうか。両親はこの世を去って二度と会うことはできない。在りし日の姿を故郷の情景と共に思い、気づかぬうちに涙が頬を伝ったに違いない。

筆者も福井の海辺に育ち、磯の香りを感じながら幼少期を過ごした。また両親もすでに他界しており、この該当部分を読むと僭越ながら自らのことのように思われる。

「故郷とは遠くにありて想うもの」などというが、筆者は「故郷は想うもの」だけでは寂しさを感じてならない。いくつになっても、またどれだけ変わってしまっても、故郷に行けば幼き日や在りし日の「欠片」を探してしまうものである。

今、故郷に帰りたくても帰れない人が多くいる。その理由は人によってさまざまで、故郷に足を向けたくてもできないことが現代社会の常であるともいえる。故郷の人びとがいつまでも自分を笑顔で迎えてくれるように感じるならば、その想いは積もり積もって心に影を落としてしまい、「心の痛み」へと変わってしまうかもしれない。

鎌倉時代とは異なり、交通事情が進化し、どんなところでも行けるようになった今日でも、故郷を離れている時間が長いほど足は遠のくものであろう。本書のこの部分を読むと読者の方々はそれぞれで思うところがあるのではないだろうか。

いつの日か、故郷に足を向ける時こそ、また過ぎ去った日の「欠片」を探してみたい、そう強く思う今日この頃である。

『新尼御前御返事《にいあまごぜんごへんじ》』

文永十二年（一二七五）二月十六日
日蓮五十四歳
述作地・身延
対告・新尼

本書の送り先である新尼《にいあま》とは、安房国長狭郡東条の領家の若女主人とされ、「大尼《おおあま》」と呼ばれる人物の娘あるいは嫁とされている。母娘ともに早くから日蓮を外護していたと伝わり、文永八年（一二七一）の龍口法難・佐渡配流時に大尼は退転したが、それに対し新尼は法華経への信仰を堅持した。日蓮はそのことを誉め称え、この両人から曼荼羅本尊の授与が要請された時には新尼だけにそれを許可している。

ちなみにこの大尼は古くより「領家の尼」と同一人物であるとされる。

家族のあり方

「兄弟や夫婦の仲とは何だろうとよく考える」
「家族にありがとうとなかなか言えない」
「家族の姿をみて、情けないと思う」

今二人《ににん》の人人《ひとびと》は隠士《いんし》と烈士《れつし》とのごとし。一《ひとり》もかけなば成《じよう》ずべからず。譬へば鳥の二の羽《はね》、人の両眼《りようがん》の如し。又二人《ににん》の御前《ごぜ》達は、此の人々の檀那ぞかし。女人《によにん》となる事は物に随つて物を随へる身也。夫《おとこ》たのしくば妻もさかふべし。夫盗人《おとこぬすびと》ならば妻も盗人なるべし。是れ偏《ひと》へに今生計《こんじようばか》りの事にはあらず。世世生生《せせしようじよう》に影と身と、華《はな》と果《このみ》と、根と葉との如くにておはするぞかし。木にすむ虫は木をは（食）む、水にある魚は水をくらふ。芝《しば》かるれば蘭《あららぎ》なく、松《まつ》さかうれば柏《かしわ》よろこぶ。草木《そうもく》すらかくのごとし。比翼《ひよく》と申す鳥は、身は一つにて頭《かしら》二《ふた》つあり。二つの口より入《い》る物《もの》一身《いつしん》を養ふ。ひほく（比目）と申す魚は一目《いちもく》づつある故に一生が間《あいだ》はなるる事なし。夫《おとこ》と妻とはかくのごとし。此の法門のゆへには、設《たと》ひ夫《おとこ》に害せらるるとも悔《く》ゆる事なかれ。一同して夫の心をいさめば竜女《りゅうにょ》が跡《あと》をつぎ、末代悪世の女人の成仏の手本と成り給ふべし。

『兄弟抄』定本九三二頁

〈現代語訳〉

今、兄弟二人は「隠士《いんし》」と「烈士《れっし》」の二人のようなもので、どちらか一人が欠けても仏法を完成させることはできない。

例えばそれは鳥における両翼、また人間の両眼のような関係であり、互いに助け合うことにより存在しているのである。また二人の妻たちもまた兄弟二人によって導かれ、また援助する者である。女性とは相手に随いながらも、実は相手を随えるものであり、夫が喜びを得ればその妻も栄え、また夫が盗人ならばその妻も盗人となるのである。こうした夫婦の契りは現世におけることばかりか、生々世々に影と身とのように、また華と果とのように、さらに根と葉とのように相関するものである。

木を住処とする虫は木を食料とし、水中に生きる魚は水を口にする。芝が枯れれば蘭《あららぎ》が嘆くように、松が栄えれば柏は喜ぶと伝わるが、草や木ですら相関の理を現すのである。比翼という鳥は、身は一つで頭は二つあり、二つの口から食する物で一つの身体を養うといい、比目《ひもく》という魚は雌雄一目ずつしかないが故に一生離れることはないという。

夫と妻とはまさにそのような関係であり、法華経に対する信仰を成就させるために、たとえ夫に害されるようなことがあったとしても後悔してはならない。故に同心になり、夫を諫めるならば、妙法蓮華経提婆達多品で成仏の姿を示した「八歳の龍女」の跡を継いで、末代悪世の女性の成仏の手本ともなるであろう。


（意訳・見解）


家族間トラブルはいつの時代も無くならない。親が子を、また子が親を、さらに兄弟間で起きたいたましい事件を聞くと「家族の絆」とは何なのかと胸が締め付けられるようである。

「親は多くの子を養うことができるが、子どもが両親をみることは困難である」という話を聞いたことがある。親の偉大さを強く感じさせる、大変重い言葉である。私は幼いときに父が寝たきりとなり、母は十七年にもおよぶ看病の末、父を看取り、程なく認知症となってしまった。年の離れた兄は父と母を見、そして同じく年の離れた姉もまた、足繁く実家に通いながら両親を看てくれた。義理の姉も常に義両親に尽くしてくれた。そんな中、私は何もできなかった。しかし兄や姉らは私を責めることなく、しかも父母といた時間の短さを気遣ってくれた。その時ほど、兄弟のありがたさを思い知ったことはない。

一番身近な存在である父母や兄弟。離れていたとしてもこの絆は何よりも固く、そして尊い。そして夫婦の絆も同様である。時には衝突することもあるが、それを乗り越えていけるのは「絆」のなせる「わざ」であろう。自分を外に置き、相手を想えることができたならば、この書状にあるように「共に生き、共に栄える」ことができるであろう。

今一度、自分の家族を想ってみよう。厳しくとも自分を想ってくれた父を、また口うるさくとも優しい笑顔を見せてくれた母を。そして苦楽をともにした兄弟やパートナーを。

『兄弟抄《きょうだいしょう》（けいていしょう、きょうていしょうとも）』

文永十二年（一二七五）四月十七日
日蓮五十四歳
述作地・身延
対告・池上兄弟およびその夫人

『兄弟抄』は、武蔵国池上（東京都大田区）に在住した池上衛門大夫志宗仲（池上宗仲）と兵衛志宗長（兵衛志）兄弟らに与えられた書状である。本書執筆は日蓮の大檀越である池上宗仲（兄）と、その父で良観房忍性の熱心な信者であった左衛門大夫との間で発生した信仰上の対立が発端となっている。

日蓮を批判する左衛門大夫は、宗仲とともに日蓮の檀越であった兵衛志（弟）をも威圧し改信を迫るが、それに対して兄弟は応じず、ついに以前に家督を譲っていた宗仲を勘当してしまう。それを知るやいなや日蓮は身延から本書を送り、兄弟やその妻らに対して揺るぎない強い信仰心をもって、堅固な信仰を勧めて「親に従う」という世俗的な倫理観より、宗教的倫理観（真の報恩）の大切さを教示していくことで兄弟夫妻は当然のこと、親など周囲も救済されることを述べる。そして池上兄弟やその夫人らを励ますのであった。

その後、兄の勘当はいったん解かれたが、建治三年（一二七七）十一月頃には、再度宗仲が勘当された。二度目の勘当は約半年で解かれ、兄弟が力を合わせて父を諫めたことにより、最終的に父の左衛門大夫もまた法華信仰に入るのであった。

人との接し方、受け止め方

「どうしても素直になれない」
「上司の小言がうるさい」

されば仏になるみちは善知識《ぜんちしき》*にはすぎず。わが智慧なににかせん。ただあつきつめたきばかりの智慧だにも候ならば、善知識たいせちなり。

而《しか》るに善知識に値う事が第一のかたき事なり。されば仏は善知識に値う事をば一眼《いちげん》のかめの浮木《うきぎ》*に入《い》り、梵天《ぼんてん》*よりいとを下《さげ》て大地のはりのめに入るにたとへ給へり。

而るに末代悪世《まつだいあくせ》には悪知識*は大地微塵《だいちみじん》よりもをほく、善知識は爪上《そうじょう》の土よりもすくなし。

『三三蔵祈雨事』定本一〇六五頁

（現代語訳）

仏に成る道は、良き導き手である「善知識」と出会うことが最も大切である。この大いなる完成を目指すことにおいて、自らの浅薄な智恵など何の役に立つであろうか。もっとも熱き冷たきなどを理解できるような智恵を持つならば、善知識を得ることの大切さを理解することは容易いものである。このように良き導き手、良き人との出会いこそが最も重要なのである。

しかし、その「善知識と出会い」こそが最も困難である。故に仏は、善知識と出会うことを「一眼の亀の浮木」と表現し、一つの眼しかない亀が大海に浮いている栴檀《せんだん》という香木を見つけ、その木に空く穴にたまたま入るという稀なこと、また梵天から糸を下げ、大地に置いてあった針の穴にすっと通るという稀なことと譬えられている。

しかも、濁れてしまっている現在の世においては善知識とは逆である、人びとを悪しき方向へと導く「悪知識」が大地を砕いて塵にした数よりも多く、善知識は爪の上の土よりも少ないのだ。

「善知識《ぜんちしき》・悪知識《あくちしき》」
善知識とは、自分を正しき方向に導いてくれる者を指し、それに対して悪知識とは自らを悪しき方向へと誘う者をいう。

「一眼《いちげん》の亀《かめ》の浮木《うきぎ》」
仏やその教え、また正法に出会うことが困難であることの譬え。妙法蓮華経妙荘厳王本事品において「又如一眼之亀 値浮木孔（また、一眼の亀の如く、浮木の孔に値う）」とあり、ありがたい譬喩《ひゆ》として挙げられている。

「梵天《ぼんてん》」
インドの宗教の世界観にて世界創造の神とされるブラフマンが仏教において神格化されたものを梵天また大梵天王という。娑婆世界を統領するものとして帝釈天とともに仏教守護の善神のうち、最高位に位置する一神とされる。この梵天王を梵天、また統《す》べる世界を梵天ともいう。

（意訳・見解）

時間は有限であり、人と人の出会いはまさに限られた時間の中での「奇跡」のようなものである。日々思い悩み、また苦しみもがく私たちは色々な経験をし、またさまざまな人の影響を受けて自らの人生の糧としていく。

人生の指針は、人によっては「言葉」であったり、また「文字」であったりするだろう。このように人は多くの「ことがら」に導かれるのである。しかし現実をみると、これらが必ずしも自分を良い方向へと導いてくれるものであるとは限らない。「良きもの」また「良き導き」と出会うのは大変困難であり、またそれらは往々にして「厳しく」、また自分を「つらい境遇」へと引き込んでしまうのである。限られているとはいえ、長い人生で「そうした方が良い」ことはわかっている。しかし人間は「弱い生き物」であり、それ故に「甘い言葉」や「楽な方」へと歩みを進めてしまうのも、また「人としての性《さが》」なのかもしれない。みなさんの多くも一度はそうした行動をとったことがあるだろう。「いや、そんなことをしたことはない！」と否定する方はいないのではないか。

日蓮は自らを迫害した者にすら「自分を法華経の行者であると自覚させてくれた善知識」と受け止めている。われわれはここまで受け入れることはできないが、自分を「弱き生き物である」と受け入れて、あらゆる指摘を「他者からのアドバイス」と受け止めることができたならば、その人はすでに「善知識」となる人物に出会っているといえるだろう。受け止め方や物事をみる視点を変えることが重要であるということなのだ。

『三《さん》三《さん》蔵《ぞう》祈《き》雨《う》事《のこと》』

建治元年（一二七五）六月二十二日
日蓮五十四歳
述作地・身延
対告・西山氏

駿河国の檀越である西山氏に宛てた書状。本書は仏道を志す上で、最も大切なのは善知識を得ることだが、善知識との出会いは容易ではないと説く。同様に仏法の優劣を理解するには道理と証文が大切だが、さらに現証も重要であることを示している。そして法華経が釈尊の真意であり、真言密教の教えに誤りがあることを明確に示す。最後に、法華経への信仰の堅持を勧めつつ、供養の品を贈ってもらったことに対する礼を述べる。

行ったことへの後悔

「取り返しのつかないことをしてしまった」
「失敗を繰り返している自分が嫌になる」
「罪を犯してしまった人は許されないのか」

又御消息に云く、人をもころしたりし者なれば、いかやうなるところにか生れて候らん、をほせをかほり候はんと云云。それ、針は水にしずむ。雨は空《そら》にとどまらず。蟻子《あり》を殺せる者は地獄に入り、死にかばね(屍)を切れる者は悪道をまぬがれず。いかにいわんや、人身《にんしん》をうけたる者をころせる人をや。ただし大石《たいせき》も海にうかぶ、船の力なり。大火もきゆる事、水の用《よう》にあらずや。小罪《しょうざい》なれども、懺悔《さんげ》せざれば悪道をまぬかれず。大逆《たいぎゃく》なれども、懺悔《さんげ》すれば罪きへぬ。

『光日房御書』定本一一五八〜五九頁

〔現代語訳〕

（また）送られてきた手紙には「弥四郎は武士として、人を殺害したことのある者であるから、後の世にはどのような所へ生まれ変わるのか教えてほしい」と記されていた。ものの道理からいえば、針は水の中に沈み、また雨が空中に留まることはない。故に蟻を殺した者でも地獄に堕ち、また屍を切った者も当然、地獄界・餓鬼界・畜生界の三悪道へと堕ちることは免れない。したがって人間を殺したとなれば、なおのことであろう。

しかしながら大きな石でも船の力を借りることによって大海に浮かぶことが可能であり、また大火も水の働きによって消すことができるように、小さな罪でも悔い改めることがなければ悪道に堕ちることは免れないが、大きな罪を犯した人でも悔い改めさえすれば、その罪は必ず消すことができるはずである。

（意訳・見解）

人は「完璧」に生きることはできない。大なり小なり何かしらの間違いを犯しながら生きるものである。今はこれが最善であると思い、時間の経過に伴って、過去の出来事を悔やむ。そしてこれが悩みや苦しみのきっかけになるなど、よく耳にすることである。同様に日々の後悔にさいなまれ、また言いようもない不安につぶされそうになり、自暴自棄になるなどして取り返しのつかない状況になった時、われわれはどうすればよいだろうか。

日蓮は「人を殺した」息子の成仏を願う母・光日尼《こうにちあま》にどのように接したか。日蓮は、間違いは間違い、罪は罪であると認めた上で「悔い改め」さえすればよいのだとする。「息子の罪」を認めながら「それを悔い改めれば大きな罪であっても必ずそれを打ち消すことが可能である」と強調して、人は「完璧」ではないと示すのである。

完璧とは何であろう。人間は不完全な生き物であり、それ故に不安や後悔にさいなまれる日々を過ごす。つまり逆にいえば「不完全な人間」こそが「完全な人間」なのではないだろうか。不安や悩みを抱える不完全さは「完璧の前身」と自身で受け止め、自らの行いを省みて「生きる糧」とすることこそが、不完全さの中に完全さをみつけることとなり、そして自らを省みることができる人間の完成、つまり「完璧な人間」となることができるはずである。

人は失敗から多くのことを学ぶことができる生き物であり、それは自分を省みることができるということである。つまり不完全さの中からしか完璧は生まれないのである。失敗や後悔を「前進の一歩」として受け止めることができた時こそ、人は安心を得ることができ、そこでやっと一人の人間として新たなスタートをきれるのではないか。そしてその時こそ後悔や不安を完璧に乗り越えられるのではないだろうか。

『光日房御書《こうにちぼうごしょ》』

建治二年（一二七六）三月
日蓮五十五歳
述作地・身延
対告・光日尼

本書は、安房国天津在住の檀越である光日尼の書状に対する返書である。光日尼の子・弥四郎の死去に対し、身延の日蓮は弔意を示す。そして光日尼の心痛を思いやり、かつての説法の場での弥四郎との邂逅《かいこう》を振り返りつつ、光日尼の「武士であり、人を傷つけた息子の成仏は可能か」という心配に対して、教え諭す。最後に光日尼に対して、子のための追善菩提を祈ることによって、弥四郎の後生善処が約束されると教示する。

パートナーについて

「夫が憎らしくて仕方ない」
「妻がいる家に帰りたくないとたまにふと思ってしまう」

やのはしる事は弓のちから、くものゆくことはりう（龍）のちから、をとこのしわざは女《め》のちからなり。いま、ときどののこれへ御《お》わたりある事、尼ごぜんの御力《おんちから》なり。けぶりをみれば火をみる、あめ（雨）をみればりう（龍）をみる。をとこを見れば女《め》をみる。今ときどのにけさん（見参）つかまつれば、尼ごぜんをみたてまつるとをぼう。

『富木尼御前御書』定本一一四七頁

（現代語訳）

矢が素早く飛ぶのは弓の力によるものであり、空に雲が行くのは龍の力によるものである。これらと同様に、夫の行動は妻の力によるところが大きいということが世の習いである。今、富木常忍が、この身延の地まで来ることができたのは、妻である富木尼御前の力によるところが大きい。煙を見たならば、火が近くで出ていると理解でき、また雨を見たならば、それを降らせている龍を見る想いがする。そのように夫の行いを見れば、その妻の協力を見る想いがするのである。故に今、富木常忍に会ったが、妻であるあなたと会った想いがするのである。

（意訳・見解）

社会は特定の人物により動かされているわけではない。一人ひとりの行動が互いに作用し、大きな動きとなって社会をまわしている。この「社会」という単位の最も小さいものが「家族」や「夫婦」だ。日蓮は、夫婦というものをさまざまなものに譬《たと》えて表現している。そしてその譬えはどれも「ともに切っても切れない、欠ければ成立しないもの」と表現している。夫が元気でいられるのは、妻の支えなくしてありえない。また夫の働きは、妻の協力があってのものである。現代では妻を支える男性もいて「夫婦」は互いに作用し、それぞれの行動の基盤となっていることを改めて感じられよう。

妻の笑顔は夫の一日の活力となり、夫の感謝は翌日の妻のエネルギーとなる。ともに感謝し、互いに日々の働きを労うことができたなら、その夫婦の絆は大きな社会を動かす原動力ともなるのではないだろうか。たまに「夫をみれば、その妻に会ったような気がする」という話を耳にするが、この言葉は夫婦にとって最大級の賛辞なのかもしれない。

昔は夫が妻に、妻が夫に感謝や労いの言葉をかけるということは、なかなかできなかったかもしれない。男女の立場が平等になり、家事や育児も夫婦が協力して行う。少々気恥ずかしいかもしれないが、勇気をだして「ありがとう」と言うことができたならば幸せな明日がくるにちがいない。

『富木尼御前御書《ときあまごぜんごしょ》』

建治二年（一二七六）三月二十七日
日蓮五十五歳
述作地・身延
対告・富木尼

本書には、富木尼からの供養品への礼が認められており、母の遺骨を携えて身延へ赴いた富木常忍の姿を見れば、富木尼の姿が目に浮かぶようであると感慨深く述べている。夫である常忍をよく助け、また高齢であった義母に仕えて看取った富木尼の心労を労いながら、その孝養を誉め称える。そして病を得ていた富木尼に対して法華経信仰を堅持することにより、必ず快方へと向かうと仏説などを引きながら教示する。

また蒙古襲来によって九州へと赴いた兵の心情を示す箇所もある。内乱や外国からの侵略、また天変地夭の続出など動乱の鎌倉時代を生きた人びとの動静を知ることができる遺文としても本書は注目される。

親への想い

「もっと親孝行すればよかった」
「親の死を考えたくない」

今、常忍《じょうにん》、貴辺《きへん》は末代の愚者《ぐしゃ》にして見思未断《けんじみだん》の凡夫《ぼんぶ》なり。身は俗《ぞく》にあらず、道《どう》にあらず、禿居士《とくこじ》。心は善にあらず、悪にあらず、羝羊《ていよう》のみ。しかりといえども一人《ひとり》の悲母《ひも》、堂にあり。朝《あした》に出《いで》て主君に詣《もう》で、夕《ゆうべ》に入《い》りて私宅に返り、営《いとな》む所は悲母のため、存する所は孝心のみ。しかるに去月下旬のころ、生死《しょうじ》の理《ことわり》を示さんがために黄泉《こうせん》の道に趣《おもむ》く。ここに貴辺と歎いて云く、「齢《よわい》すでに九旬《くじゅん》に及び、子を留めて親の去ること次第たりといえども、倩事《つらつらこと》の心を案ずるに、去りて後は来るべからず、何《いず》れの月日をか期《ご》せん。二母《にも》国になし、今より後は誰をか拝すべき」。

『忘持経事』定本一一五〇～五一頁

（現代語訳）

（今、）富木常忍よ。あなたは末代の愚か者であり、未だ見惑・思惑の煩悩を断ち切ることのできない凡夫である。その身を見れば俗人でもなく、また僧侶でもない。いうなれば僧形の俗人であろう。心を見ても善でもなく悪でもない。故に物事の道理（因果）を理解する事ができない愚かな羊のようなものである。

しかしながら、あなたには一人の母上が自宅にいらっしゃった。朝に勤めに出ては主君に仕えて、夕方ともなれば自宅に帰る。その毎日の生活は母上のためであり、心の内に秘めるのは母上に対する孝心のみであったであろう。だが先月下旬の頃に、母上は生死無常の道理を顕して、黄泉《よみ》の国へ向かわれた。身延においてあなたとともに今は亡き母上を想い、「歳もすでに九十を超えており、また子より先に親がこの世を去ることは道理・順序とはいいながらも、親の死というのはつらきもの。ご逝去された後は、再びこの世に戻られることはなく、再会できるという予定などあるはずもない。生みの母が二人いようはずもなく、今後いったい誰に対して孝養を尽くしたらよいだろうか」と歎きあったことを忘れるはずはない。

（意訳・見解）

本書は大檀越である富木常忍に宛てた書状である。しかし感謝の気持ちや人びとを思いやる文面の多い他の書状とは異なり、本書冒頭部分では常忍の「忘れ物」について強い叱責を与えているのが特徴である。

「末代の愚か者」という日蓮による叱責はかなり厳しい。しかし同時に母を亡くした嘆きについて、たとえ高齢であったとしても親を亡くすことは深い悲しみを受けてしまうものであると常忍の悲しみに寄り添っている。

親が子より先にこの世を去ることは道理・順序であるが、親子を分かつ「死」はいつの世も深い悲しみを与える。その喪失感たるや同居していたならば相当なものであり、普段一緒に暮らしていなかったとしても、再び顔を合わせることができないという現実は受け入れがたい。

しかし在りし日の両親の姿を思い出せば悲しみとともに感謝の念が涌きあがり、自分という人間は両親から受け継いだものなのだと自覚することができるだろう。親と子の関係を譬えるならば、身体と影のようなもので、常に一緒で、離れられないものである。もし大切な人を失った時、その人とあなたは常にともにあるということを思い出してほしい。そしてあなた自身の悲しみを亡き人への感謝へと変換させることができたならば、その時こそ、その亡き人は遠いところであなたに微笑み、あなたを護る存在へとなってくれるだろう。

『忘持経事《ぼうじきょうじ》』

建治二年（一二七六）三月
日蓮五十五歳
述作地・身延
対告・富木常忍

建治二年（一二七六）二月下旬、大檀越の一人である富木常忍の母が長寿を全うし死去した。常忍は母の遺骨を首にかけ、遠く下総国より身延の日蓮のもとを訪れ、母死去の報告と供養を依頼する。日蓮は常忍との語らいの後、見送るのであるが、その直後、常忍が持ち帰るのを忘れた法華経の経巻を見つける。そこで弟子に経巻とともに本書を持たせた。このことから本書には「忘持経事」（持経を忘るるの事）という題号が付けられた。

本書冒頭において、中国の王の中には自分を忘れて悪政を行った人物がいること、また釈尊の弟子の一人、須《す》梨槃特《りはんどく》は自らの名前さえ忘れたなど、さまざまな故事や説話を挙げている。これらの人物は「世界第一の忘れん坊」で、常忍も大切な法華経の経巻を忘れたのであるから「日本第一の忘れん坊である！」とユーモアを交えて諭している。

しかし、常忍は末代の愚者であったとしても、主君への忠勤と母への孝養を毎日怠らず、母の死後は遺骨を携え、遠く身延にまで足を運び供養をささげたのであるから「親と子」の同時の成仏は間違いないと常忍を慰めている。

他人との距離

「人と関わるのが面倒だ」
「可能ならば一人で生きていきたい」

夫《そ》れ老狐《ろうこ》は塚《つか》をあとにせず。白亀《びゃつき》は毛宝《もうほう》*が恩をほうず。畜生《ちくしょう》すらかくのごとし。いわうや人倫《じんりん》をや。

されば古《いにし》への賢者予譲《けんじゃよじょう》といゐし者は剣《つるぎ》をのみて智伯《ちはく》が恩にあて、こう（弘）演と申せし臣下《しんか》は腹をさひて、衛《えい》の懿公《いこう》が肝《きも》を入れたり。いかにいわうや、仏教をならはん者の、父母・師匠・国恩をわするべしや。

『報恩抄』定本一一九二頁

（現代語訳）

老狐は生まれた場所を忘れることなく、また死ぬ時はかならず頭を住まいとしていた丘に向けるという。その昔、毛宝という武人に助けられた白亀はその恩を忘れずに、毛宝が戦にて負けた時には、水上を渡して窮地を救い、恩を返したと伝わる。このように、動物でさえ恩を知って恩に報いるということがあるのだ。故に人間が、恩を知り恩に報いないことなどあってはならないのである。

昔、予譲という賢者は主君であった智伯の恩に報いるために、剣を呑んで、主君の仇を討とうとしたという。衛の弘演という人物は主君である懿公の命をうけ、他国に向かっている最中に主君が殺されたため、急ぎ戻って自らの腹を割き、さらしものになった主君の肝を入れて死んだという。古来の賢人などでさえ、そうなのであるから、仏教を修学し実践しようと志す者は、父母・師匠・国の恩など、大いなる恩というものを忘れてはならないのである。

「毛宝《もうほう》」

中国・東晋の武人（将軍）。日蓮は報恩を語る際この「毛宝と白亀」の話を挙げる（『開目抄』でも取り上げている）。

毛宝が幼き日に漁師に捕まった白い亀を買い取り、江口へ放した。その後、将軍となった毛宝が邾城《ちゅうじょう》において敗戦した時に、件の白亀が現れてその背に毛宝を乗せ、岸に運んで命を助けたという。

（意訳・見解）

人間は一人で生まれることはできない。そして誰とも関わり合いを持たずにこの世を去るということはできない。またそのようなことがあってはならない。日々の生活も過去からの因果により、「生かされている」のであり「活かされている」ことを、理解しなければならない。

日蓮は動物ですら「生かされ」そして「活かされている」ことを理解していると述べ、そして恩を忘れず、恩に報いることが最も大切だと示す。ここにあるように古の賢人や賢臣と称される人びとは、まさしく身をなげうってでも、その「恩」に報いた。さすがに全ての人が身をなげうつことはできない。しかしどのような形であっても受けた恩を忘れず、それに報いようとすることはできるはずである。

自分が窮地に陥った時、救いの手を受けたとする。そしてそれを忘れず同じように他者に行ったとしたら、それは十分に自分を救ってくれた人物に対して「恩に報いた」ことになるのではないか。

救済を求めるならば、まず自分が一人で生きているのではないと正しく受け止めることだ。そして自分が受けた恩を理解し、他者に接することにより、この世は「報恩（恩に報いる）」という他者を思いやることのできる「救いの世界」に変わるのではないだろうか。つまり、世の中や自分の周囲を変えるには「自分が他者に活かされている」と受け止め、それに報いることが第一歩となるといえ、そうして変化した世界は必ず皆が救われる幸せな場所となるはずである。そのためにも先にも述べたように、自らの「心の方向」を正していかねばならないのではないだろうか。

『報恩抄《ほうおんしょう》』

建治二年（一二七六）七月二十一日
日蓮五十五歳
述作地・身延
対告・旧師道善房の霊前および浄顕房、義浄房

出家の師への報恩感謝追善回向のために執筆された本書は、人の行うべき道として「知恩報恩」が挙げられる。本書冒頭である該当箇所には、動物ですら受けた恩を忘れることはなく、また歴史を振り返っても両親の恩、師匠の恩、主君や国の恩などは「大いなる恩」として報いなければならないとして、仏道を修行し完成させようとする者はそれらを忘れてはならないと強調する。

しかし「真の報恩」とは、父母・師匠に随順するという世俗的な報恩ではなく、間違いがあった時には父母・師匠に逆らうことになったとしても、身命をかけて正すことこそ真の報恩であるとする。

仏道においては釈尊の真意にこそ随順し、法華経弘通をなすことにより父母・師匠をはじめとする一切衆生の成仏が叶う。ここに世俗的な倫理観を超越した日蓮の宗教的報恩観を見ることができ、仏法における報恩は法華経弘通にあるとの認識を理解することができる。

容姿、体型への不満

「太っている自分が嫌でたまらない」
「食べないで痩せようとしたが失敗した」

人にも二つの財《たから》あり。一には衣《ころも》、二には食《しょく》なり。経に云く、「有情《うじょう》は食によって住す」と云云。文《もん》の心は、生《しょう》ある者は衣と食とによつて世にすむと申す心也。魚《うお》は水にすむ、水を宝《たから》とす。木は地の上にをい（生）て候、地を財《たから》とす。人は食《しょく》によて生《しょう》あり。食を財《たから》とす。

いのちと申す物は一切の財の中に第一の財なり。遍満三千界無有直身命《へんまんさんぜんかいむうじきしんみょう》ととかれて、三千大千世界にみて丶候財《たから》をいのちにはかへぬ事に候なり。さればいのちはともしび（灯）のごとし。食はあぶら（油）のごとし。あぶらつくればともしびきへぬ。食なければいのちたへぬ。

『事理供養御書』定本一二六一頁

〈現代語訳〉

人間は生きる上で、二つの財産が必要である。一つは衣類であり、二つには食物である。経文には「形あり、生きるものは食物によって、その命を存続させることができる」とある。この部分の意味するところは、全て生あるものは衣類と食物とにより、この世界に存在することができるということである。魚は水中にあって、水を宝（財）とする。また木は大地に生い茂り、大地を財（宝）とする。これらと同様に人間は食物によって生かされているのであって、食物を第一の財とするのである。

命というものは全ての財宝の中の第一に大切、重要な財産である。経文にも、あまねく三千世界の中において身命に値するものはないと説かれていることから、まさしく三千大千世界の全ての財産をもってしても命に代えることはできないと理解できよう。命は灯火のようなものであり、食物は油のようなものである。油が尽きると灯火は消えてしまうように、食物がなければ命も断たれてしまうのであるから、食は欠かせない重要なものである。

（意訳・見解）

人々が抱える悩みの一つに「肥満」がある。その理由としてデスクワークに追われ、動くことが少なくなったことが挙げられるが、しかし一番の原因は「食生活」だろう。

昔の日本人は「粗食であった」といわれ、それに比べると現在の食生活は贅沢だ。栄養たっぷりの食事はたしかに「生きる気力」だ。しかし過ぎたるはなんとやら、体調を悪化させてしまうほど栄養をとり続ければ体調を崩すことにつながり、元も子もない。

また肥満を抱える人びとは「ダイエット」と称して、食事を減らし栄養を欠乏させ、無理な運動を行っては、また体調を崩してしまう。この負の循環こそが、まさに「現代病」であるように筆者は感じる。なぜならば、筆者もその一人であるからだ。

さて、本書において日蓮は人間が生きる上で食べ物が第一であり、食べ物によって生かされていると言っても過言ではないとし、食べ物の効力を「命をつなぐ第一の財（たから）である」としている。命は一度失ったら二度と戻らない。日蓮は経文の一節をひいて、この世において命よりも優れる財はないと強調し、食べ物をしっかり食べてそれをつながなければならないと、「食事と健康」の不可分の関係と「命の大切さ」を説くのであった。

たしかに食べ「過ぎ」・飲み「過ぎ」は命を削る要因となる。しかし「ダイエット」と称して無理な食事制限を行うのも愚の骨頂である。まさしく仏教で説くところの「中道」で、行動を無理に制限したり、その逆で、緩みすぎてしまったりという「両極端」に身を置くことをやめなくてはならない。「丁度良い日々の生活」を送ることでストレスが軽減し、健康を保つことができるのだ。

『事理供養御書《じりくようごしょ》』

建治二年（一二七六）
日蓮五十五歳
述作地・身延
対告・檀越某（駿河国富士方面の人か？）

本書は、駿河国富士方面に住む檀越に宛てたものと考えられている。生きている者にとって、衣類や食物は大切だが、最も大切なものは「生命」であると示す。

また、神や仏を信敬する時には「南無」の語で始まるが、この南無とは「帰依・帰命（命がけで信じていくこと）」であるとして、聖人《せいじん》や賢人の信行と末法世における衆生の信行との相違を述べて「凡夫は志という字を心得ることにより仏に成ることができる」とする。さらに法華経を信仰する場合には、聖人や賢人の供養はいわゆる「事の供養」であり、凡夫の供養は「理の供養」であると挙げて、むやみに身体を苦しめることだけが信仰ではないことを教示している。

将来への不安

「今の仕事を続けてよいのだろうか」
「自分が下した選択が合っているだろうか」
「将来がただただ不安でならない」

又仏法には賢《かしこげ》なる様《よう》なる人なれども、時に依り機に依り国に依り、先後の弘通に依る事を弁へざれば、身心を苦めて修行すれども験《しるし》なき事なり。設《たと》ひ一向に小乗流布《るふ》の国には、大乗をば弘通する事はあれども、一向大乗の国には小乗経をあながちにいむ（忌）事也。しゐてこれを弘通すれば国もわづらひ、人も悪道まぬがれがたし

『下山御消息』定本一三一三頁

（現代語訳）

仏教に精通し理解に優れている人であっても、その時（時代や社会背景）と物事を理解する能力と、その国の置かれている現状をつぶさに理解し、仏法流布の後先を見通していなければ、いくら苦心して仏法を弘通（布教）しても何ら結果を得ることはできない。譬えるならば、小乗の教えのみが弘まる国において大乗の教えを弘めるのは「良」としても、大乗の教えが弘まる国において小乗の教えを弘めたならば、それは間違った弘通となり国に禍《わざわい》が発生し、かえって人びとは苦しみもがくこととなるであろう。

（意訳・見解）

誰しも「将来」を知ることはできない。どんなに優れている人であっても完璧に未来を知ることは極めて困難なのだ。そのため人は将来に不安を感じ、未来に絶望する時がある。しかし「未だ起こっていないこと」を予測することは必ずしも不可能ではないと思う。その答えを本書は示しているように受け止めることができるのである。

「リスクマネジメント」という言葉が叫ばれて久しい。これはもともと企業などで経営上想定されるリスクを事前に予測し、損失などを回避・軽減することをいう。昨今、この言葉は企業運営の現場だけではなく、一般社会でも広い意味合いで使用されるものとなった。逆にいえばそれだけ、時代の変化に伴ってさまざまなリスクが周囲にあふれているともとれるだろう。

見通せぬ未来を憂うのではなく、今置かれている現状を把握し、そして問題やリスクを正しく判断し対応方法を見いだすことは「将来に対する不安」を取り除くための第一歩となる。自分ひとりで問題が解決できそうになければ、気が置けない仲間や上司に相談するのも良いだろうし、時には信頼する後輩などに相談するのも手かもしれない。仕事上ではなおさらである。自分だけで業務の「重荷」を抱えるとそれが原因となり自身が苦しむ基となる。また会社自体に損害を与えてしまうことにもなりかねない。大切なのは今という現状を把握するということではないだろうか。そうすることにより、未来における「状況やそのリスク」を正しく把握することができるだろう。

未来を予測することは的確な「状況把握」なくしては完成しない。日蓮は仏教に精通し、深い理解を示す優れたものであっても、この「状況把握」を見誤れば何らの結果も得ることはできないとする。まさしく当を得た言葉である。自らの置かれた「時」やその「状況」、そして行動の「優先順位」を正しく理解し動くことができたならば、必ず良い「結果」を得ることができるだろう。

『下山御消息《しもやまごしょうそく》』

建治三年（一二七七）六月
日蓮五十六歳
述作地・身延
対告・下山兵庫五郎光基

日蓮の弟子の一人である因幡房日永と、この書状の宛先である下山兵庫五郎光基（日永の父）は、元はともに念仏者であった。しかし、日永は日蓮の説法を聴き、念仏信仰を捨て日蓮の弟子となる。

本書は、日蓮がその日永に成り代わって、日永の父である下山兵庫に宛てた弁明書。下山兵庫に対し、日永が念仏を捨てて法華経信仰へと至る経緯について述べ、その後に日蓮の諸宗批判について、そしてその弘通活動と迫害などが記される。最後には「父・下山兵庫は阿弥陀経読誦をしなければならないと叱責するが、阿弥陀経読誦を行わない理由は真実の報恩のためである」としてこの本書は結ばれる。

また、本書の特徴として多くの振り仮名が記されていることが挙げられる。これは古来、日永または日蓮の弟子の手によるものと考えられている。これより当時使われていた漢字の読み方を示す貴重な書という側面も持つ。

欲望と葛藤

「周囲を押しのけてでも出世したい」
「犠牲を払ってでもお金が欲しい」
「周囲よりよい自分になりたい」

人身《にんしん》は受けがたし、爪の上の土。人身は持《たも》ちがたし、草の上の露《つゆ》。百二十まで持《もち》て名をくたし（腐）て死せんよりは、生きて一日なりとも名をあげん事こそ大切なれ。

中務三郎左衛門《なかつかささぶろうざえもん》の尉《じょう》は主《あるじ》の御《おん》ためにも、仏法の御《おん》ためにも、世間の心《こころ》ね（根）もよ（吉）かりけりよかりけりと、鎌倉の人々の口にうたはれ給へ。あなかしこ。あなかしこ。

蔵《くら》の財《たから》よりも身《み》の財すぐれたり。身の財より心の財第一なり。此の御文（ふみ）

を御覧あらんよりは、心の財をつませ給ふべし。

『崇峻天皇御書』定本一三九五頁

（現代語訳）

人としてこの世に生を受けることは大変稀なことである。譬えるならば足の爪の上の土のようであり、大地にある土に比べれば大変微量であり、稀なものとして思われる。これと同様に人間として生きていくこともまた儚きもので、草の上の露のように持ちがたい。しかし百二十歳までも長生きをしながらも、その名（功名）を朽ち果てさせるよりは、生きて一日であっても名を高めることのほうが大切である。

中務三郎左衛門尉（四条金吾）は主君のために、また教えのために、世間の人びとより「心根のすばらしい人物である」と賞賛されるようにならなければならない。

蔵の中には財産を蓄えることができるが、身体に不調があったならば何にもならない。また身体が健康であったとしても心が清く豊かでなかったならば同様に何にもならない。故に心の清らかさ、豊かさが第一の財産なのである。この書状を読まれたならば、心の財産を積み上げるよう日々を送って頂きたい。

（意訳・見解）

人としてこの世に生まれ、そして生活していくことは大変「稀」なことである。日蓮はそれを「爪上《そうじょう》の土」と譬えて、この「恵み」の貴重さを強調した。そしてその恵みに報いずに無為にしてはならず、無意味に消費してはならないと説く。また同時に、人の命を「儚きもの」として「草上の露」と譬えて、意味無く寿命を延ばし、名を汚すことがあったならばそれは無益なものであるとする。

現代社会において人は「社会の歯車の一部」と表現されることもあれば、何かしらの事件が発生すれば「自己責任」という二極化した考え方がされる。つまり、ある人が何か問題を起こすと「あなたのせい」と冷たく突き放す。この世界はあたたかいようで冷たい側面を有している。故に他人の一挙手一投足に神経をとがらして、日々を過ごしている人のなんと多いことか。多くの財産を持っていたとしても周囲に神経をとがらせ、また体調不良を訴えてもそれに対応することができないなど、よく聞く話である。そのためにはどのようにすればよいだろうか。

日蓮はたとえ成功をおさめていても、身体を壊してしまっては、その成功は意味がないものであり、また心の平安なくして豊かさは備わらないとしている。法華経にも「少欲知足《しょうよくちそく》」という語がある。これは「少しの欲をもって足ること（満足）を知る（得る）」という意味であり、われわれの生きる指針として受け止められる。日々の小さな事柄（よいこと）に満足感を得て、ここに記される「心の財産」を得ていく生き方、よりよい「心の生活」を送ることができたならば生きる上で第一ではないだろうか。

『崇峻天皇御書《すしゅんてんのうごしょ》』

建治三年（一二七七）九月十一日
日蓮五十六歳
述作地・身延
対告・四条金吾

本書は、日蓮の大檀越の一人である四条金吾が身延の日蓮に、白小袖や銭・柿・梨・生ひじきなどとともに富木常忍からの手紙を送り届けてきたことに対する返礼書。礼を示すと同時に、四条金吾の近況を知った日蓮による金吾に対する細やかな注意が記されている。

四条金吾は当時、主君である江馬光時から謹慎を受け、閉門を命ぜられていた。これは同僚らからの嫉み、また法華経信仰も関係して主君の不興を買う結果となっての謹慎であった。ところが主君が病気に倒れ、それを知った金吾は急ぎ治療のため主君の元へと出仕する。これにより、江馬光時は今回の一件が讒言によるものとわかり、許すばかりか以前よりも好遇して受け入れた。この一連の出来事を金吾は早速、身延の日蓮に伝えたのである。日蓮は、六世紀後半、蘇我馬子に反目してその手先に暗殺された崇峻《すしゅん》天皇の例を挙げて、たとえ好遇されるようになったからといって、決して自慢したり油断したりしてはいけないと金吾を諭すのであった。

時間の使い方

「時間をうまく使うことができない」
「一日無駄に過ごすことが多い」
「そろそろ終活に取り組みたい」

それ以《おもん》みれば、日蓮幼少の時より仏法を学《がく》し候しが念願すらく、人の寿命《いのち》は無常也。出ずる気《いき》は入る気を待つ事なし。風の前の露、尚譬《なおたとえ》にあらず。かしこきも、はかなきも、老たるも、若きも定め無き習い也。されば先《まず》臨終の事を習うて後《のち》に他事《たじ》を習うべし。

『妙法尼御前御返事』定本一五三五頁

（現代語訳）

人の寿命は永遠不滅ではない。譬えるならば、吐く息は吸い込む息を待つことはなく、また風に吹かれる露と同じようなもので、いつ散ってしまうか分からないほど、儚いものである。賢い人であろうが愚かな人であろうが、また年老いた人であろうが若き人であろうが、「死を迎える」時期は定まっていないのが道理である。故にまず「死を迎える」ということをわきまえ、その後に他のことを考えるべきである。

（意訳・見解）

現代人は、取り巻く環境によって日々変化を余儀なくされている。昨日まで当然であった生活が、たった一日で「一変してしまった……」ということもある。仕事や家事、また人間関係に追われる日々、さらに先行き不透明感に思い悩み、言い様のない不安感におそわれる日々。このような「日々の苦悩」ともいうべき想いの中で痛感するのが「将来に対する漠然とした不安」ではないだろうか。

日蓮は少年期より仏教に触れてきたが、その深奥になかなか辿り着くことはできなかった。それ故に昼夜の分け隔てなく研鑽に励むのである。その中でやっとのことで学び得たことの一つが「無常観」であった。

紹介した箇所は人間が誰しも一度は痛感する人生命題の一つでもある「生死の無常」について触れている。「時の流れは儚く、また人の寿命は定めなきものである」。われわれの心を揺さぶる言葉である。この世に生きている人は必ず「死」へと向かう。そしてその長短は決定されていない。だからこそわれわれは「時間がない」と嘆くのではなく、刻一刻と流れる「時」をどのように使うかを考えるべきであろう。

そこで「人生の終わり」や「ゴール地点」をよく理解したらどうだろうか。目標とする「ゴール」に行き着く経過を模索することによって、有限である「時」が無限の「未来」を指し示すのではないだろうか。

明日や未来は心や魂が癒やされるものとしなければならない。よりよい人生を送るためにも、時の経過を嘆くのではなく、その使い方に視点をあててはどうだろうか。

『妙法尼御前御返事《みょうほうあまごぜんごへんじ》』

弘安元年（一二七八）七月十四日
日蓮五十七歳
述作地・身延
宛所・妙法尼

妙法尼は、駿河国岡宮に居住する日蓮の女性信者、佐渡国の中興《なかおき》入道の母、池上氏の娘であり中務頼員の妻で四条金吾の母、そして伊豆国に居住し法華経を講義していた尼（女性）の、同名の人物が四人いたとされる。

本書は駿河国岡宮に居住していた女性信者に宛てられたものとされる。

この妙法尼は弘安元年（一二七八）に夫に先立たれ、その臨終の様子を日蓮に報告した書状の返書が本書である。日蓮は妙法尼の夫が臨終に際して題目を唱え、大変穏やかであったことにより成仏は疑いないことを強調し、妻である妙法尼もこのような人物と夫婦の契りを結んだ縁より、同じく成仏が約束されることを述べている。

また同書には日蓮の出家の動機の一つに挙げられる「生死の無常観」が見られ、日蓮が幼少期より仏教を修学し、この生死観をもって仏教研鑽（勉学）に勤しんだ様子をうかがうことができる。

理想との乖離

「思うようにうまくいかないことが多すぎる」
「なぜか理解されないことが多い」

銭六貫文の内〈一貫は次郎よりの分〉白厚綿《しろあつわた》小袖《こそで》一領。四季にわたりて財を三宝に供養し給ふ。いづれもいづれも功徳にならざるはなし。但し時に随ひて勝劣《しょうれつ》浅深《せんじん》わかれて候。うへたる人には衣《ころも》をあたへたるよりも、食《しょく》をあたへて候はいますこし功徳まさる。こゞへたるひとには食をあたへて候よりも、衣は又まさる。春夏《はるなつ》に小袖をあたへて候よりも、秋冬《あきふゆ》にあたへぬれば、又功徳一倍なり。これをもつて一切はしりぬべし。たゞし此の事にをいては四季を論ぜず、日月をたゞさず、ぜに・こめ・かたびら・きぬこそで、日々、月々にひまなし。例せば、びんばしらわう*の教主釈尊に日々日々に五百輛の車をくり、阿育大王*の十億の沙金《さきん》を鶏頭摩寺《けいずまじ》＊にせゝしがごとし。大小ことなれども志《こころざし》はかれにもすぐれたり。

『兵衛志殿御返事』定本一六〇四～〇五頁

（現代語訳）

銭六貫文（一貫文は次郎殿からのご供養として）と、白の厚綿の小袖一領を拝受した。このように四季にわたってさまざまな財を三宝に供養するということは、いずれも大きな功徳にならぬものはない。ただし、時と場合により多少の勝劣・浅深の区別はあるものである。たとえば、飢えている者に衣類を与えるよりも食物を与えた方がその功徳は勝っており、凍えている者には食物を与えるよりも衣類の方がより勝っている。春夏の暖かい時に小袖を与えるよりも、秋冬の寒い時のほうが功徳は少々勝っている。これで一切のことは理解できるであろう。ただし二人の場合は、四季を論ぜず、また月日を問わず、種々の供物を日々、月々ひまもなくご恵送下さる。たとえば、頻婆娑羅王が日々にわたり五百輛の車に食糧を積んで教主釈尊に贈り、阿育大王が十億の沙金を鶏頭摩寺に布施したようなものである。大小の相違はあったとしても、志からいえば二人の功徳は彼らよりも優れているのである。

「頻婆娑羅王《びんばしゃらおう》」
古代インドのマガダ国の王。大蓮華王の子であり、阿闍世王の父。釈尊と同日に誕生し、威徳を備えた優れた王であったが、提婆達多にそそのかされた阿闍世王によって幽閉され、王位を奪われ殺される。

「阿育大王《あいくだいおう》」
古代インドのマガダ国マウリア王朝の第三代王。仏法に深く帰依し、初期仏教教団の強力な外護者の一人。第三次仏典結集や造塔建立事業など、インドに仏教を普及させたことが特筆される。

「鶏頭摩寺《けいずまじ》」
古代インドのマガダ国にあった寺院とされる。鶏園寺《けいおんじ》また鶏林精舎《けいりんしょうしゃ》とも。阿育大王が建立した寺院とされ、ここで八万四千にも及ぶ塔建立を誓願した。

〈意訳・見解〉

「TPOは大切」とよく耳にするが、なかなか難しい。これは「TIME（時）」・「PLACE（場所）」・「OCCASION（機会・場合）」の頭文字をとった略語である。どんな素晴らしいことをしたとしても、この三つのどれか一つが欠けるだけで、その人の評価は下がってしまう。逆にこれら三つをパーフェクトに備えていれば人からの評価は良い方へと変わる。

日蓮は本書において、供養は尊い行為であるとしながらも、「少しの優劣」が存在すると記している。紹介した書状の部分にある比喩をみれば「確かに」と頷けるものであって、現代社会に生きるわれわれにとっても大きな指針となるものである。

供養の品であっても、その功徳に差異が生じるならば、われわれの生活においては「時と場合」に細心の注意をはらわなければならないことはいうまでもない。鎌倉時代の書状とはいえ、われわれにとっても大きな「気づき」となる文言である。

『兵衛志殿御返事《ひょうえさかんどのごへんじ》』

弘安元年（一二七八）十一月二十九日
日蓮五十七歳
述作地・身延
対告・池上兵衛志

池上兄弟（兄・宗仲、弟・兵衛志）が銭六貫文と白厚綿の小袖を身延の日蓮に贈ったことに対する礼状。

本書はその内容より、この年（弘安元年）の身延は例年にない厳冬であったこと、また日蓮の容態悪化の様子も知ることができる。体調不良の中、日蓮は池上兄弟からの小袖が供養されたことにより、凍えずにすんだことを感謝し、最後に池上兄弟の父（左衛門大夫）と兄（宗仲）との信仰上の対立が円満に解決したことを喜び、本書は結ばれる。

命をいただく

「食べ物を買い過ぎて無駄にしてしまう」

食《しょく》には三つの徳あり。一には命《いのち》をつぎ、二にはいろ（色）をまし、三には力をそう。人に物をほどこせば我が身のたすけとなる。譬《たと》へば、人のために火をともせば、我がまへあきらかなるがごとし。悪をつくるものをやしなへば命をますゆへに気《いき》ながし。色をますゆへに眼にひかりあり。力をますゆへに、あし（足）はやく、て（手）きく。かるがゆへに食をあたへたる人、かへりていろもなく、気もゆわ（弱）く、力もなきほう（報）をうるなり。

『食物三徳御書』定本一六〇七〜〇八頁

（現代語訳）

食べ物には三つの徳（効用）が備わっている。まず一つに生命を養い、二つに色つやを増し、三つに体力をつけるという効用である。そして食べ物を他者に施したならば、それが翻って自らの功徳として返ってくるという。譬えるなら他者へと火を灯したならば、自らに返ってくるというようなものであり、故に食物の供養とは大変尊いことである。

しかしながら悪をなすものへの供養は止めなければならない。もしそれを行ったならば悪人の生命力は増し、色つやも満ちていき、眼光は鋭さを得ることにつながるからである。生命力が増すことにより足は速くなり、手の器用さも増していく。つまり悪しきものに食べ物を供養することによって、供養した者がかえって気力が衰え、体力も奪われていくという「報い」を受けてしまうのである。

（意訳・見解）

「飽食の時代」とさけばれて久しい。コンビニエンスストアではお弁当やおにぎりが二十四時間、三百六十五日、陳列されている。よほどの災害や事故がない限り、誰でもいつでも食べ物にありつける時代なのである。

昨今、新たに「フードロス（食品ロス）」なる言葉を新聞や雑誌などで見かけることが多くなった。消費期限が近くなったものは廃棄されるケースが多く、「もったいない」と思うお店の方も多いだろう。そこで各社は消費期限が近いものは割引をして販売するなどの取り組みを行っている。

食べ物とは何かと考えたことがあるだろうか。なぜ人間は食べるのかと考えたことがあるだろうか。食べ物の多くは、もともと「生き物」であった。つまり動植物の「命をいただく」ことにより、自らの「命」を継いでいるのだ。そう考えれば「食べ物」とは「命」そのものであるといえる。

日蓮は本書において、食べ物には命を養い、色つやを増し、そして体力を得ることができるという「三つの徳」が備わっていると示している。故に食べ物を施すことによって功徳を多く得ることができるとする。しかし悪を成すものに対しては、食べ物を施すことにより、悪しき方向へと向かってしまうとも示している。

「食べ過ぎ」や「飲み過ぎ」などに悩む人の何と多いことだろう。かくいう筆者もその一人である。「何事も八分目」とわかっていながらも友人・知人といれば楽しく食も進む。また酒類にしてもそうだ。そして食べ過ぎ飲み過ぎをしてしまい、翌日の朝には体調を崩すなど、何度繰り返しただろう。そしてその都度「もうしない」と心に誓うのだが、その誓いも夕方には忘却の彼方である。これをくり返して私たちは「悪しきもの」に対して食べ物を施し、育てているのではないだろうか。そしてそれにより気力・体力のみならず、体調を崩し命をも奪われる危険に迫られているのではないだろうか。「悪しきもの」とは必ずしも外部の人やものではない。もしかして自らを害する要因は意外にも自らの中にあるのかも知れない。

『食物《しょくもつ》三徳《さんどく》御書《ごしょ》』

弘安元年（一二七八）
日蓮五十七歳
述作地・身延
対告・駿河国檀越某（南条氏か）

本書は食物の供養に対する礼状である。しかし、前文と後文が欠損しているために、その全容を知ることはできない。現存している部分では、食べ物には命を継ぎ、色（力）を増す能力（徳）が備わっていると示す。そして物の供養は功徳であり、自らの助けになると説く。『日蓮宗事典』などの諸辞典類によれば、対告が未詳であるが富士の大石寺に伝来することを考慮すれば、駿河国の大檀越である南条氏に宛てた書状かと指摘されている。

世間に対する不信

「和を乱す人がいる」

仏法ようやく顚倒*しければ世間も又濁乱《しよくらん》せり。仏法は体のごとし、世間はかげのごとし、体曲れば影ななめなり。

『諸経与法華経難易事』定本一七五二頁

（現代語訳）

仏法の真理が徐々に損なわれるようなことがあれば、人の心も乱れていくようになり、世の中も濁っていってしまう。いうなれば仏法は身体のようなものであり、世間はそれを映し出す影のようなものであるが故に、ものごとの真理を正しく理解することができなければ、影である世間も曲がってしまう。

「顛倒《てんどう》」

ひっくり返ってしまうことをいう。妙法蓮華経如来寿量品に「心皆顛倒《しんかいてんどう》」また「令顛倒《りょうてんどう》衆生《しゅじょう》」とあり、末法世の衆生の心は正しい事を正しく受け止めることができず、ひっくり返っていると説く。

（意訳・見解）

物事を正しく理解せず、自分勝手に道理を解釈することにより、人の心は独善的なものになっていく。すると周囲はその影響を受けて、あらぬ方向へ向かうようになる。さらにそれにより人びとの集合体である「社会」のベクトルもまた乱れていくのである。たとえばイライラなどは不思議と周囲に伝播する事が多い。「今日は雰囲気が重いな」などと感じた経験を持つ方も多いだろう。そう感じた時はおおよそ、その中の誰かが不機嫌であったなど、よく聞く話である。つまり周囲の様子はその中の一個人を映し出す鏡のようなものであり、まさにそれは「身と影」と同様なのである。

日蓮は釈尊の真意である法華経に随順すること（法華経受持）を強く説いた。これは仏教の真理を正しく受け止め、鎌倉時代に続出した多くの災害によって疲弊した人びとの心を救済し、末世の衆生救済を願ったためである。

現代社会も日蓮在世中と同様に、多くの人びとの心が疲弊している。社会から逃げたい、現実逃避したいと思うことがあってもなかなか難しい。これからも理解できるように、われわれは一個人で生きているのではなく、周囲と切っても切れない関係を有するのだ。

たとえば、会社での例を考えればわかりやすいのではないだろうか。あるプロジェクトの成功に向かってチーム一丸となって取り組む。最初は皆、成功に向かって同じ方向に進むのであるが、そううまくいかない。メンバー同士の意見が衝突したり予算が減らされたり、ライバル社に追い越されそうになったりするなどは必ず出てくる。それにより人の心は疲れ果てていく。このような時に「気持ちの軌道修正」

ができればうまくいくのであるが、一人でも「心のズレ」が生じれば、それを達成することは困難となる。物事の本質や順序などを正しく理解するだけでなく、人の気持ちや想いをくみ取り、一人ひとりが柔軟に他者の考えを理解することができれば、素直に話し合いが行われ、「成功」への道筋が開かれるだろう。

成功への道は一つではないが、真理は一つである。これこそが物事の道理であり、成功へと導かれる道なのだ。意固地になって背中を向け、正しい言葉に耳を傾けなければ、身に添う「影」と同様に成功はあり得ない。会社や人びとの集合体である「社会」もまた、人びとが身勝手に進むことにより乱れる。しかし逆に皆が他者を思いやることで社会は姿勢を正すことができるのではないか。物事の真理を正しく理解することが重要なのであり、そのためには一人ひとりの考え方こそがその根幹となるのであろう。

『諸経《しょきょう》与《と》法華《ほけ》経《きょうと》難易事《なんいのこと》』

弘安三年（一二八〇）五月二十六日
日蓮五十九歳
述作地・身延
対告・富木常忍

妙法蓮華経法師品の「難信難解《なんしんなんげ》」（信じがたく理解しがたい、の意）の経文理解について、日蓮の大檀越の一人である富木常忍が尋ねたことに対する返書が本書である。

日蓮は富木常忍に対して、龍樹《りゆうじゆ》菩薩と天台大師の「難信難解」における解釈を引用する。その中で「諸経は教主釈尊が巧みな手立て（方便）をもって説いた随他意《ずいたい》（聞く者の理解度に随って法を説いた教え）であるが故に、易信《いしん》易解《いげ》（信じやすく理解しやすい）である。しかしながら法華経は釈尊の本意が直接的に説かれた随自意《ずいじい》（釈尊の悟ったありのままを説いた教え）の真実の法であるが故に難信難解である」と記す。

そして日本真言宗の開祖である弘法大師空海や比叡山延暦寺の座主となった慈覚大師円仁・智証大師円珍が間違った見解を示したため、日本国において仏法が曲がってしまい、釈尊の真意（法華経）が埋もれて世間が濁乱（混乱した）してしまったと嘆き、仏法は体であり、世間は影であるが故に、すべての人びとの成仏が可能となる教えである法華経を根本としなければならないことを明らかにする。

生きがいとは

「パートナーを亡くして生きがいを失ってしまった」

さては、をとこははしら（柱）のごとし、女はなかわ（桁）のごとし。をとこは足のごとし、女人《によにん》は身のごとし。をとこは羽《はね》のごとし、女はみ（身）のごとし。羽とみとべちべちになりなば、なにをもんてかとぶべき。はしらたうれなば、なかは地に堕ちなん。いへにをとこなければ人のたましゐなきがごとし。くうじ（公事）をばたれにかいゐあわせん。よき物をばたれにかやしなうべき。一日《いちにち》二日《ににち》たがいしをだにもをぼつかなしとをもいしに、こぞの三月の二十一日にわかれにしが、こぞもまちくらせどもみゆる事なし、今年もすでに七《なな》つき（月）になりぬ。たといわれこそ来たらずとも、いかにをとづれはなかるらん。ちりし花も又さきぬ。をちし菓《このみ》も又なりぬ。春の風もかわらず、秋のけしきもこぞのごとし。いかにこの一事《いちじ》のみかわりゆきて、もとのごとくなかるらむ。月は入りてまたいでぬ。雲はきへてまた来る。この人の出でてかへらぬ事こそ天もうらめしく、地もなげかしく候へとこそをぼすらめ。いそぎいそぎ法華経をらうれう（粮料）とたのみまいらせ給ひて、りやうぜん浄土へまいらせ給ひて、みまいらせさせ給ふべし。

『千日尼御返事』定本一七六二頁

〈現代語訳〉

家に譬えるならば、男は柱のようなものであり、女は桁のようなものである。身体に譬えるならば、男は足のようなものであり、女は胴のようなものである。鳥に譬えるならば、男は羽のようなものであり、女は体のようなものである。もし羽と体とが別々ならば、どうして飛ぶことができようか。家屋の柱が倒れたならば、桁は当然大地に落ちて家屋は壊れてしまうであろう。

家庭において主人が不在であれば、人の魂が抜けてしまったようなもので、さまざまな行事に関することを誰に相談したらいいのであろうかと不安になる。またおいしい食事を誰ととればよいだろう。主人とは一日二日会わなければ不安が募るものであろうに、千日尼は去年の三月二十一日に夫である阿仏房に先立たれ、一年間も待ちに待ったにもかかわらず再会することはできなかった。そして今年もすでに七ヶ月を経てしまった。たとえ帰ってこなくとも、連絡だけでもと思われるであろう。

昨年散った桜は今年も咲き、また去年落ちた果実は今年も実を付けた。春の風は去年と変わらず優しく吹き、秋の景色も昨年と同じように心にしみいる。自然はそのように巡り来るというのに、どうして阿仏房の生命だけは消え去り、戻ることがないのであろうか。月は沈んでも夜にはまた顔を出し、雲は行ってもまた来る。にもかかわらず、人だけは死んだら、もう帰ってくることはない。

このことこそ千日尼は天や地も恨めしく、歎かれることであろう。夫婦の別れを体験された千日尼は、とくにこのような想いをされていることであるから、急ぎ、法華経への信仰を頼りとして、霊山浄土へと赴くときの阿仏房との再会に想いを馳せなければならない。

（意訳・見解）

大切な人を亡くした悲しみは何にも譬えようのない大きな「痛み」である。この「痛み」を乗り越えることは容易ではない。それが自分の支えであった夫や妻であるならば、なおさら「痛み」は増すばかりである。

日蓮はこの「痛み」にどのように寄り添ったのだろうか。本書では、家や鳥などに譬えてその「痛み」の大きさを表現している。つまり夫婦の間で交わされる日々の何気ない会話や食事などが「死」というものによって一変させられてしまうという「世の無情」をさまざまな表現をもって書き示したのである。

日蓮は「無情」と「無常」を巧みに使いわけ、悲しみをともにする。ここでは季節の移り変わりによって草木は変化するが、年を過ぎれば例年のように花は咲き実は成る。しかし人の命は一度去ったならば帰ってくることはなく、自然のように常ではないと示す。そしてこの悲しみを神仏に向け「何と情けのないこと」であろうと嘆くのであった。会うことのできない悲しみを現実として受け止めつつ、それに寄り添う人間の優しさを言葉によって伝えたのである。

亡くなった人とどのように再会すればよいだろう。どうすれば再び言葉を交わすことができるであろう。この書状にあるように全てを嘆き、神仏を恨み、さらに他者をうらやむ気持ちは誰もが持つ。悲しむ人の心を癒やすことは容易ではないが、一人残された時間を精一杯生き、そして死後の再会に想いを馳せなければならないのだ。酷く悲嘆するあまり、衝動的な行為に走ってはならない。それは再会の道を自らで塞いでしまう行為でしかない。

『千日尼御返事《せんにちあまごへんじ》』

弘安三年（一二八〇）七月二日
日蓮五十九歳
述作地・身延
対告・千日尼

千日尼は、日蓮の佐渡国での生活を夫である阿仏房と支えた佐渡国国府在住の女性檀越である。千日尼という号は、日蓮の佐渡国在島を「約千日間を支えたこと」にちなみ、授けられたものとされる。

掲載した部分では、日蓮は千日尼に対し、阿仏房の訃報に接してその心細さを慰めている。自然は移り変わろうとも一年経てば昨年と同様に華果は成る。しかし、人間の死だけはどうして元に戻らないのかと譬えを用いながら弔意を示しつつ、死後の夫との再会を願うようにとする。

親子関係

「親と子の関係がうまくいかない」

しかるに故阿仏聖霊《こあぶつしょうりょう》は日本国北海《ほっかい》の島のえびす*のみ（身）なりしかども、後生をそれて出家して後生を願ひしが、流人日蓮《るにんにちれん》に値《あ》ひて法華経を持《たも》ち、去年《こぞ》の春、仏となりぬ。尸陀山《しだせん》の野干《やかん》は仏法に値《あ》ひて、生をいとひ、死を願ひて帝釈《たいしゃく》*と生まれたり。阿仏上人《あぶつしょうにん》は濁世《じょくせ》の身を厭《いと》ひて仏になり給ひぬ。其《そ》の子、藤九郎《どうくろう》守綱《もりつな》はこの跡をつぎて一向、法華経の行者となりて、去年《こぞ》は七月二日《ふづきふつか》、父の舎利《しゃり》を頸《くび》に懸け、一千里《いっせんり》の山海《さんかい》を経て甲州波木井《こうしゅうはきり》身延山に登りて法華経の道場に此れにおさめ、今年はまた七月一日《ふづきついたち》身延山に登りて慈父のはかを拝見す。子にすぎたる財《たから》なし、子にすぎたる財《たから》なし。南無妙法蓮華経、南無妙法蓮華経。

『千日尼御返事』定本一七六五頁

（現代語訳）

故・阿仏房は、日本国北海の「夷」の身分の者であったが、死去した後に悪道に堕ちることを恐れて出家し、当初は念仏を修して極楽往生を願っていた。そこに流人として佐渡国へと流された日蓮と出会い、これを契機として法華経への信仰を持ち、ついに去年の春、死去し仏となった。これは尸陀山に棲むという狐が、仏法と巡り合って生を厭《いと》いて、死を願ったことにより帝釈天へと生まれ変わったようなものである。これと同様に阿仏房は濁った現世の身を厭いて仏へとなったのである。その子息である藤九郎《とうくろう》守綱《もりつな》は父である阿仏房の信仰を継承し、熱心な法華経の行者となって去年の七月二日には父の遺骨を首にかけて、一千里の山を越え、海を渡って甲斐国は波木井の身延山に登って法華経の道場に納骨を済ませた。さらに今年は七月一日、身延山に再び登って阿仏房の墓を参拝したわけである。子ほどすばらしい財宝はなく、また子よりも優れた財宝はない。

「えびす」
未開の土地の人、田舎者の意。また荒くれ武士をいう場合もある。

「帝釈《たいしゃく》」
インドの雷神インドラが仏教に取り入れられ、大梵天王と並び称される護法の善神となったものをいう。須弥山の頂上に有り、東西南北にそれぞれ八つの城そして中央に喜見城《きけんじょう》（善見城《ぜんけんじょう》とも）を有する忉利天《とうりてん》に住む神であり、四天王を率いて阿修羅王と激闘を繰り広げた。喜見城は帝釈の居城である。

（意訳・見解）

「子は親の鏡である」という言葉があるように、子を見ればその親がどんな人であるか、おおよそは想像することができる。親の背中をみて子は育ち、知らぬ間に子は親と同じく大きくなるのである。だからこそ親は子どもの手本となるべく日々の生活を省みて、さらに言動に注意し手本となるように心掛けるべきである。

日蓮は檀越である阿仏房がこの世を去って、生前の信仰により仏となったと記し、その信仰は確実に子である藤九郎守綱に受け継がれているとして、藤九郎を優れた「孝子」であると阿仏房の妻である千日尼に書き記した書状を送っている。藤九郎は親に対して孝養を尽くし、これより藤九郎を誉め称えて「子ほどすばらしい財宝はなく、また子よりも優れた財宝はない」と千日尼を慰めるのであった。

本書にあるように、愛する夫を亡くした妻にとって、その悲しみは言葉にできないほどだ。また、常に寄り添ってきたパートナーを失うのだから、心細さはいうまでもない。そんなとき、「子」の存在は大きい。これからどう生きていけばよいのかと嘆く女性の心細さを何分の一、何十分の一にしてくれる。ましてや親の姿をみて、そしてそれを受け継いだ子であればなおさら頼りになる。

大切なパートナーを失う悲しみは代えがたい痛みであり、突如として孤独感に苛まれることもあるだろう。しかしそのように「心が弱ってしまった時」こそ本当に頼れる存在があらわれるのではないだろうか。またその時に初めてその大きさを知ることができるのかもしれない。親子のつながり、絆というものを頼るのであれば、日頃から親子の存在を大切にし、また互いに認め合う関係を構築していくことが大切なのかもしれない。

『千日尼御返事《せんにちあまごへんじ》』

弘安三年（一二八〇）七月二日
日蓮五十九歳
述作地・身延
対告・千日尼

佐渡国において日蓮の生活を支えた重要な檀越である千日尼の夫・阿仏房は、承久の乱で佐渡に流された順徳天皇に従い佐渡国へと赴いた「北面の武士」である。順徳天皇の崩御後は名を遠藤為盛から「阿仏房」へと変え、日々、順徳天皇を供養するほどの篤信の念仏者であった。

日蓮が佐渡国へと配流されたことを知った阿仏房は「阿弥陀仏の敵」である日蓮を襲撃するが、かえって日蓮により教化を受けることとなる。これを契機として佐渡国における日蓮の生活を支える大檀越となり、それのみならず、身延での日蓮の生活も支える重要人物となっていった。

該当部分は阿仏房が法華経に出会い、法華経の信仰を持つことによってその成仏は疑いなく、自分（日蓮）にはそれがありありと見えると教示する。また阿仏房夫妻の子である藤九郎守綱は、弘安二年（一二七九）に死去した阿仏房の遺骨を携えて身延へと赴き、父の供養を日蓮に申し出た。これに対し、藤九郎という息子は夫妻の信仰を受け継ぎ、父への孝養に尽くしたことを誉め称え「孝子」をもった千日尼を力づけている。

他者への批判

「ＳＮＳに振り回されて疲れてしまった」
「自己アピールしてくる人をつい攻撃してしまう」

悪の中の大悪は我が身にその苦をうくるのみならず、子と孫と末へ七代《しちだい》までもかゝり候ひけるなり。善の中の大善もまたまたかくのごとし。目連＊尊者が法華経を信しまいらせし大善は、我が身仏《みほとけ》になるのみならず、父《ふ》母仏《ぼぼとけ》になり給ふ。上《かみ》七代下《しも》七代、上無量生下無量生《かみむりょうしょうしも》の父母等《ふぼたち》存外に仏となり給ふ。ないし子息・夫妻・所従・檀那・無量の衆生、三悪道＊をはなる、のみならず、皆初住・妙覚＊の仏となりぬ。故《ゆるがゆえ》に法華経の第三に云く、「願くはこの功徳を以《もっ》て普《あまね》く一切に及《およ》ぼし我等《われら》と衆生と皆共《みなとも》に仏道を成ぜん」云云。

『盂蘭盆御書』定本一七七五頁

（現代語訳）

悪の中の大悪は、自らその身に苦の報いを受けるだけではなく、子から孫へと七代も続いて報いを受けることになる。この反対に善の中の大善もまた同様である。

目連尊者が法華経を信じ奉った大善は、自らが身が仏に成るのみならず父母もまた仏に成り給うのである。それればかりか上は七代にわたり下も七代に及び、さらには上に向かって無量の間、下に向かってもまた無量の間の父母たちはすべて仏に成ることができるのである。子息や夫妻、それに従うところの人びと、関係者たちなど無量の衆生は三悪道を離れることができるのみならず、すべて初住に入り、妙覚の位について仏と成ることができるのである。故に法華経第三巻（化城喩品）の中に、「願わくばこの自らのために修してきた功徳があまねくすべての人びとに施し及ぼして、われらと衆生とが皆ともに仏道を完成することができますように」とあるのである。

「目連《もくれん》」　釈尊の十大弟子の一人。「神通第一」と称され、神通力に長けた人物として挙げられる。

「三悪道《さんなくどう》」　仏教の世界観である十界の内、下層の三界である地獄界・餓鬼界・畜生界を総称していう。

「妙覚《みょうがく》」　無止妙覚をいう。煩悩を滅尽して智慧が円満であるという意。

「慳貪《けんどん》の咎《とが》」　物惜しみをし、他者への施しを行なわなかったことが因となる罪。

（意訳・見解）

仏教用語には「因果応報」という言葉があり、現在では一般的に広く用いられる。善きにつけ悪しきにつけ、自らの行いが最終的に自らに返ってくるということである。しかし日蓮がここに記すように返ってくる「報い」は必ずしも自分だけに返るものではないのだ。

実に悲しい事であるが、何か事件が起きると、周囲はその家族らにまで押し寄せ、また陰口を言ってしまうことがある。ここ数年はインターネットの普及によりＳＮＳなどが身近なツールとなり、そのことがより顕現化してしまった。

本書には釈尊の十大弟子の一人「目連《もくれん》」の説話が登場する。ある日の事、目連が「神通力」をもって地獄の様子をみると、自らの母（青提女《しょうだいにょ》）が「餓鬼界」に堕ちているのを発見する。驚いた目連は急いで釈尊へその理由を問うと、なんと自分を養育するため他者に食べ物を分け与えなかった事により「慳《けん》貪《どん》の咎《とが》」*を犯し、餓鬼界に堕ちたというのであった。思いも寄らぬ理由に深く悲しむ目連に対して、釈尊は多くの修行者に対して供養を行うことにより母は救済されると救いの手だてを教える。すぐさまそれを実行した目連は、結果として母を救済することができ、これが現在の盂蘭盆《うらぼん》の始まりとされる。

「回向《えこう》」という言葉がある。漢字を見てのとおり、「回る」に「向かう」と書く。つまり自分の思いや行為は他者に「向けられる」ようであっても実際には巡り「回って」自らに返ってくるのである。故にたとえどんな不幸があったとしても正しく受け止め、そして心から「想う」ことにより日々の行動に変化を生じさせなければならないのだ。そのためにも自分だけでなく、周囲にも心を配ることに専念して、皆とともに「平和」を目指すことが自分の平安につながると理解しなければならない。

他者の「あげ足を取る」ことに心血を注ぎ、自らの世界をＳＮＳだけに求めるのはいかがなものだろう。決してＳＮＳなどは悪いものではない。結局は使用する人の使い方や心持ちひとつなのである。


『盂蘭盆御書《うらぼんごしょ》』

弘安三年（一二八〇）七月十三日
日蓮五十九歳
述作地・身延
対告・治部房日位のうば御前

本書は治部房日位《じぶぼうにちい》のうば（祖母）御前より盂蘭盆の供養として、白米や焼米の他、瓜や茄子などが届けられたこと、また盂蘭盆に関する質問に対する返礼書である。

治部房日位は日蓮の高弟で中老僧の一人に数えられ、日蓮の檀越である南条平七郎の子とされる。最初は蒲原四十九院の僧で天台宗であったが、日興・日持の教化で改宗したという。うば御前もまた熱心な法華経信者であった。

本書は盂蘭盆の起源について、釈尊の十大弟子の一人である目連とその母の物語を挙げて、神通第一と称された目連の力をもってしても、「慳貪の咎」により三悪道（餓鬼道）に堕ちてしまった母を救うことができず、ただ法華経への信仰により目連自身の成仏が認められたことによって、母も救済されることが叶ったと説いている。

人は人

「人がうらやましくて仕方ない」
「もっと自信を持ちたい」

月は山よりいでて山をてらす。わざわいは口より出でて身をやぶる。さいわいは心よりいでて我をかざる。今正月の始めに法華経をくやうしまいらせんとをぼしめす御心《おんこころ》は、木より花のさき、池より蓮《はちす》のつぼみ、雪山《せっせん》のせんだん*のひらけ、月の始めて出づるなるべし。

『重須殿女房御返事』定本一八五六～五七頁

（現代語訳）

月は山から出て、その山を照らす。他者を貶《おとし》めるような悪行や悪口は口から出て、自らの身を破滅させる。しかしその逆に善い行いなどは、その心から出て自らを幸せにするものである。何ごとであっても原因と結果は不可分の関わりがある。正月の始めに法華経への供養を行ったその志は、普通の木にこの上ない花が咲くようなものであり、また汚れた池に蓮華がつぼみをつけるようなものである。さらに栴檀《せんだん》が雪山の豪雪をものともせず育ち、月が始めて山から出るように、自身に吉報をもたらすであろう。

「栴檀《せんだん》」

センダン科の木。暖かい土地に自生する。芳しい香りを放ち、それにより尊ばれ、仏教の世界ではさまざまな比喩表現として使用される。例えば、悪臭を放つ伊蘭も栴檀の香りによってその臭気を消すと表現され、また学僧の学舎を「栴檀林」と呼称されることからも多くの仏教語に使用されることを理解できよう。一般的には白檀《びゃくだん》を指すともいわれる。

（意訳・見解）

この世の中は「等価交換」のようなものであるといわれる。しかし自らの「行為」やその「代償」については必ずしも等価交換とはいかず、悪しきものは大きく、善きものは小さく返ってくるようである。だが大なり小なり差はあったとしても、「報い」「代償」は必ず自らに返ってくるものなのだ。

「努力は必ず報われる」というが、必ずしもそうではないのが現実である。しかし多くのいわゆる「成功者」と呼ばれる人びとは、押し並べて「努力」することを日々欠かさない。では彼らの日々は大きな努力によって構成されるのであろうか。否、そうではない。小さい努力を欠かさないのだ。

日蓮は本書にあるように、他者を陥れるような言動はその身を破滅させるとする。しかしその逆に善行などは、翻って自らを助けるのだと強調する。つまり何ごとであっても「原因」と「結果」は必ず自分に返るのだとして行動の如何《いかん》を強く教示する。

物事を測る尺度はそれぞれ違い、そして人にはそれぞれ役割がある。そしてそこに差が生まれるが故に、人はそれぞれが唯一無二であり、果たすべき使命をおのおの持っている。他者と自らを比べるものではない。自分にできることを、課された使命を心に日々を送ること。これにいち早く気づいて他者に向かうことができたならば、日蓮が示すように「栴檀が雪山の豪雪をものともせず育ち、月が始めて山から出るように、自身に吉報をもたらされる」ことであろう。そのためにも日々、まずは自分の行いを省みてはどうであろう。自分自身の「小さな良い行い」を見つけることができれば、人と比べることはなくなり「うらやましい」という心は小さくなるだろう。比べるべきは昨日の自分であり、明日の自分である。昨日の自分が今日の自分を後押ししてくれるように日々を過ごしていきたい。

『重須殿女房御返事《おもすどののにょうぼうごへんじ》』

弘安四年（一二八一）正月五日
日蓮六十歳
述作地・身延
対告・重須殿女房

弘安四年（一二八一）の正月に蒸餅などを贈った重須殿（「おもすどの」「おもんすどの」とも）の女房に宛てた礼状が本書である。

重須殿女房は日蓮の大檀越であった南条兵衛七郎の娘であり、重須殿女房自身もまた法華経信仰の篤信者であった。駿河国富士郡重須（富士宮市）の石河新兵衛入道道念の妻であったが、夫である道念の死後には後家尼となって、身延の日蓮を支えた女性信者の一人である。

本書は地獄と仏について記しており、地獄と仏は自身の心の中に存在するのだと示し、また法華経を信仰する者には大いなる果報がもたらされるとして結ばれる。

出産と子育て

「出産が不安でたまらない」
「子どもを育てられるのか」

しかるに光日尼御前はいかなる宿習《しゆくじゆう》にて法華経をば御信用ありけるぞ。また故《こ》弥四郎殿が信じて候ひしかば子の勤めか。この功徳空しからざれば、子とともに霊山《りようぜん》浄土《じようど》＊へ参り合はせ給はん事、疑ひなかるべし。烏龍《おりよう》＊と云ひし者は法華経を謗《ほう》じて地獄に堕ちたりしかども、その子に遺龍《いりよう》＊と云ひし者、法華経を書きて供養せしかば、親《おや》、仏に成り、また妙荘厳王《みようしようごんのう》＊は悪王なりしかども、御子《おんこ》の浄蔵《じようぞう》・浄眼《じようげん》＊に導かれて、娑羅樹王仏《しやらじゆおうぶつ》と成らせ給ふ。その故《ゆえ》は子の肉は母の肉、母の骨は子の骨なり。松《まつ》栄えれば柏《かしわ》悦ぶ。芝かるれば蘭《あららぎ》なく、情《こころ》無き草木すら友の喜び友の嘆き一つなり。いかにいわんや親と子との契り、胎内に宿《やど》して、九月《ここのつき》を経て生み落とし、数年まで養ひき。彼ににはなれ、彼にとぶらはれんと思ひしに、彼をとぶらふらめしさ、後、いかがあらんと思ふこころぐるしさ、いかにせん、いかにせん。

『光日上人御返事』定本一八七九〜八〇頁

（現代語訳）

光日尼はどのような宿縁によって法華経を信仰するに至ったのだろう。それは子息である故・弥四郎が信仰していたことによっての事であろうか。法華経信仰の功徳は広大無辺であるが故に、来世における霊山浄土への参詣、そして今は亡き子息との再会は疑いなきものである。

その昔、中国に烏龍という書家がいた。しかし烏龍は法華経を誹謗した咎によって地獄に堕ちてしまった。そこで烏龍の子である遺龍が法華経の書写供養を行ったことにより、かえって父である烏龍は成仏したという。また妙荘厳王という人物はバラモン教を信仰していたが、その子である浄蔵と浄眼の教化により法華経を信奉し、その功徳によって娑羅樹王仏となった。子の法華経信仰によって親が成仏した事例はこのように多数存在するのである。

故事仏説にはこのような父親の事例よりも、実は母親の事例が多い。なぜならば、子の肉は母の肉であり、母の骨は子の骨であるが故に、母と子とは切っても切れない縁があるからである。譬えるならば松がしげれば、その仲間の柏は喜び、また芝が枯れると、その仲間の蘭が悲しむということは古来伝わるところである。心なき草や木ですらもそうであるように、ましてや母と子の関係は特別である。母は子を宿してより九ヶ月の長き間その体内で養育し産むのであり、またそれ以降も篤い情愛をもって養育するのであるから、その愛情は語り尽くせぬものである。故に子を育て上げた母は死後、子に棺を担われ、子の手で葬ってもらいたいと願うものであるが、子に先立たれたとしたらどうだろう。子を弔う恨めしさ、そしてその後の不安や悲しみ、歎く想いはいかばかりか。今まさにこのような立場におられる光日尼の悲しみは筆舌に尽くしがたいものである。

「霊山浄土《りょうぜんじょうど》」
法華経が説かれたインドの霊山（霊鷲山）は「法華経の聖地」とされ、日蓮はこの山を信仰的な霊山浄土とする思想を展開する。すなわち久遠実成の釈尊が住するこの世界こそが永遠の浄土であり、この浄土は法華経信仰とともに自在に顕現するものであるとする。その意味からも日蓮は身延山を霊鷲山に合い当る霊山と認めている。

「烏龍《おりょう》」
『法華伝記』に収録される説話の主人公の一人。道教を信奉し仏教を排斥したために堕獄した能書家だが、息子の遺龍の徳行によって救済される。

「遺龍《いりょう》」
父である烏龍とともに『法華伝記』収録の説話に登場する主人公の一人。父と同じく能書家で、堕獄した父を救済するため法華経を書写した。

「妙荘厳王《みょうしょうごんのう》」
過去世の雲雷音宿王華智仏時代の国王。仏教以外の信仰を持っていたが、妻である浄徳夫人と息子である浄蔵・浄眼の三人の尽力により仏教に帰依。これにより仏から未来世において沙羅樹王仏となる記別を与えられる。釈尊は華徳菩薩が過去世の妙荘厳王であると説く。

「浄蔵《じょうぞう》・浄眼《じょうげん》」
妙荘厳王の二人の息子。母である浄徳夫人とともに深く仏教に帰依し、父である妙荘厳王を仏教帰依に導く。釈尊は薬王菩薩・薬上菩薩の過去世がこの二人の王子であったと説く。

（意訳・見解）

マタニティ・ブルー、また産後鬱という言葉をよく耳にする。女性は子を宿して生活が一変し、仕事やプライベートにおいて今までできていたことが急に思うようにできなくなったり、また言いようのない不安などに苛まれたりする。子を産んだ後もそれは解消されるということはなく、睡眠時間は減り、また幼子から目を離すことはできない。

自分の時間を全て子のために費やす。これらを行うことのできる女性とはなんと強く、またすばらしいだろう。「子は三界の足かせ」と古来言うらしい。子を宿してから、女性は元気な子の出産を願い、また子が生まれたならば無事の成長を願う。そしてその子に自我が芽生えれば最初に衝突するのは一番近くにいる母である。そして子が成長し大人となったとしても、母からすればいくつになっても子であるが故に安心することはできない。子が還暦を過ぎたとして、八十歳をすぎた母はいまだにその子を案じるのである。

母の「子に対する想い」は時として自分を追い込んでしまう。子を想うが故に、また積もった解消できぬ不安という気持ちの揺らぎから、自暴自棄になってしまうこともあるだろう。しかし「こうしなければ」「これではだめだ」と自分を追い込まないでほしい。実は筆者の妻もそうであった時期がある。その時になにもできなかった自分を悔やむ時がある。かける言葉もなく、また寄り添うことがかえって気持ちを逆なでしてしまうこともあった。このことを思い返せば月並みな言葉であるが「母は強し」と想わずにはいられない。それほど子に対する母の愛情は父のそれ以上なのだ。

日蓮は本書においても母子のつながりを「特別な関係である」と認め、母の愛情は語り尽くせぬものであると示している。まさしく真理である。しかし女性の方は「そうしなければならない」と強く想うことはしないでほしい、また自分を追い込まないでほしい。母の苦悩や不安は誰よりも子がわかっている。幼い子であったとしても母の不安は感じるものである。また成長した後、時に衝突することがあったとしても子は母を想うものである。不安に苛まれた時、また不安定になった時にここにある光日尼を思い出してほしい、彼女が成長して頼れるようになった子に先立たれた悲しさを。そして信じてほしい、そばにいる子は必ず大きく成長して自分を看取ってくれるという未来を。

『光《こう》日《にち》上《しよう》人《にん》御《ご》返《へん》事《じ》』

弘安四年（一二八一）八月八日
日蓮六十歳
述作地・身延
対告・光日尼

本書は法華経やその行者を誹謗するものが堕獄するという妙法蓮華経譬喩品の文を引いて地獄の様相やそこで受ける苦しみについて示し、これに対し法華経を信仰する光日尼の篤信を誉め称える。そして烏龍・遺龍の故事を挙げて、子（弥四郎）に先立たれた母（光日尼）の無念と悲しみに触れつつ、親子の法華経信仰の功徳により必ず母の死後は霊山浄土において再会することができるであろうと教示している。

「酒」との付き合い方

「つい毎日酒を飲んでしまう」
「酒がない日常など考えられない」
「酒に頼らないと寝ることができない」

さては去《い》ぬる文永十一年六月十七日この山に入り候ひて今年十二月八日にいたるまで、この山出《い》づる事一歩も候はず。ただし八年が間《あいだ》やせやまいと申し、とし（齢）と申し、としどしに身ゆわく、心をぼれ（耄）候ひつるほどに、今年は春よりこのやまいをこりて、秋すぎ冬にいたるまで、日々にをとろへ、夜々にまさり候ひつるが、この十余日はすでに食もほとをど（殆）とどまりて候ふ上、ゆき（雪）はかさなり、かん（寒）はせめ候ふ。身のひゆる事石のごとし。胸のつめたき事氷のごとし。しかるにこのさけ（酒）はたたかにさしわかして、かつかう*をはたとくい切つて、一度のみて候へば、火を胸にたくがごとし、ゆに入るににたり。あせ（汗）にあかあらい、しづくに足をすすぐ。

『上野殿母尼御前御返事』定本一八九六～九七頁

（現代語訳）

去る六月十七日に、ここ（身延山）に入山して以来、弘安四年（一二八一）十二月八日の本日に至るまで、この山を下山することはなかった。法華経修行に一途に日々を過ごしていたが、在山八年の間に「やせやまい（痩せ病）」に罹り、また老齢となったことで日々体調が衰え、心も散漫となってしまっている。特に今年は春から発病し、秋を過ぎ冬に至っても良くなることなく、ここ十日ばかりは食事も喉を通らなくなってしまった。その上、雪は降り積もり寒さは厳しさを増し、そのために身体は冷え切って石のようになってしまっている。しかし贈って頂いた酒を温かくして「かっこう」を噛み切って一度に飲みほせば、火を焚いたように胸が熱くなり、湯に入ったように身体が温かくなる。流れ出る汗で垢を洗い流し、したたる汗で足をすすぐようである。

「かっこう」
薬用植物。頭痛や消化不良の飲み薬。

（意訳・見解）

身延山は、夏は高温多湿、冬は厳寒の土地である。この地に滞在した日蓮にとって、冬の様子は想像を超えるものであったようで「雪が一丈（約三メートル以上）降った」と記すものも存在する。このような過酷な気候の中で晩年を過ごした日蓮が体調を崩してしまうのは当然であったのかもしれない。紹介した部分で触れられているように、食欲不振となり、冷え切った身体を何とかせねばと檀越らは様々な供養品を身延へと贈るのであった。その中には「すみ酒」もあり、日蓮は冷え切った体に暖を取るべく熱燗にして飲んだようである。

江戸後期から明治初期の在家日蓮信奉者である小川泰堂は当初、日蓮が大嫌いだったようだ。その理由の一つが「飲酒した僧侶」という破戒僧のイメージを持っていたからだという。しかしこの泰堂も遺文を何の気なしに読んだことにより、日蓮という人物に惹かれ、最終的には在家日蓮信奉者の代表格となるのであった。

当然だが日蓮は好きこのんで飲酒をしたわけではない。高齢による体調不良や食欲不振、また芯から冷えてしまった身体を温めるべく飲酒したのである。「酒は百薬の長」といわれることからも理解できるが、暖を取るためや睡眠導入のため、さらに食欲増進を求めて飲酒をするのである。

現代においても睡眠導入のために飲酒される方も多いと思う。深い睡眠を得るべく飲酒されるわけであるが、ついつい深酒となって結果として次の日に反省することになるなど、よく聞く話である。先にも述べたが過ぎたるはなんとやら。別に禁酒を勧めるわけではないが、あくまで薬と割り切って飲まれるように心がけて頂きたい。薬であっても服用法によっては毒になるわけであるから、よりよいお付き合いをして頂きたい。

『上野殿母尼御前御返事《うえのどのははあまごぜんごへんじ》』

弘安四年(一二八一)十二月八日
日蓮六十歳
述作地・身延
対告・南条時光および上野殿母尼御前

上野殿母尼御前(南条時光の母)から米一駄(約百二十キロ)と清酒《すみざけ》、さらにかっこうの供養があったことに対する礼状が本書である。

日蓮は文永十一年(一二七四)の身延入山以来、一度として身延山を下りない日々を送っていた。しかし今まで数々の法難を乗り越え、齢も五十五を超え高齢となった日蓮にはこの山の高温多湿、そして厳寒は応えたようで「建治・弘安の交わり」より体調を崩していくのであった。初期は回復することもあったが、この年齢ともなると、快方に向かうことは少なかったようで、日々臨終を覚悟するようなことも多かったようだ。

このような中、上野殿母尼御前から先の供養品が届けられるのであり、これに対して日蓮は酒やかっこうにより冷えた体も温まったと感謝を述べている。また十六歳という若さで夭逝した七郎五郎の在りし姿を偲《しの》びつつ、日蓮が母尼御前よりも先に逝ったならば七郎五郎に母の嘆きを伝えようと述べている。これより当時の日蓮の心身の衰弱をみることができる遺文となっている。

資料

日蓮とその弟子、ゆかりの寺院紹介

日蓮とその弟子ゆかりの寺院（日蓮宗寺院）について、主な歴史などを中心に紹介する。

＊『日蓮宗本山めぐり　日蓮聖人とお弟子たちの歴史をたずねて』（日蓮宗新聞社）、「日蓮宗本山 寺院ページ一覧」（日蓮宗ポータルサイト）などをもとに作成。

東北地方

日蓮宗由緒寺院　本山

光明山《こうみょうざん》　孝勝寺《こうしょうじ》

宮城県仙台市

永仁三年（一二九五）に創建。一乗阿闍梨日門《いちじょうあじゃりにちもん》によって開山。伊達政宗が仙北や仙南、相馬などに出陣する際、この寺院で戦勝祈願したところ、多くの武勲をあげ、その縁起にちなんで「全勝寺」と改称された（それ以前は大仙寺という名であった）。その後、徳川家康の養女で二代藩主・伊達忠宗の正室・振子の篤信によって七堂宇が完備された。現在の寺号はその振子の号名（孝勝院殿秀岸日訊大姉）にちなんで定められた。

日蓮宗由緒寺院　本山

宝光山《ほうこうざん》　妙國寺《みょうこくじ》

福島県会津若松市

室町時代に活躍した、顕本法華宗の開祖・玄妙《げんみょう》阿闍梨《あじゃり》日什《にちじゅう》の生没地に、その弟子の日仁によって開創。白虎隊士自刃の悲話を伝える飯盛山をのぞむ地に建立、白虎隊士最初の埋葬地でもある。また、会津藩主・松平容保親子が謹慎した寺院としても知られる。

関東地方

日蓮宗由緒寺院　本山

靖定山《せいていざん》　久昌寺《きゅうしょうじ》

茨城県常陸太田市

徳川光圀が母・谷久子（久昌院靖定大姉）の追善のために建立。寺院の名はその法号による。光圀の顔を三時代にわけて彫った「木彫義公面」や光圀に随従した「日乗上人日記」などが残る。寺の裏山庭園にある「義公廟」には、光圀筆の法華経開結十巻をおさめた宝塔があり、三昧堂檀林で使用された説法高座「獅子の高座」が安置されている。

日蓮宗由緒寺院　本山

開本山《かいほんざん》　妙顕寺《みょうけんじ》

栃木県佐野市

永仁二年（一二九四）、日蓮の直弟子である天目によって開創。唐沢城主の佐野家、および家臣の若田部源五郎光盛が帰依して一宇を建立し、天目を開山に仰いだことが始まり。

寺宝には、佐渡阿闍梨日向《にこう》による祖師像、宗祖荼毘所遺灰および御砕骨、熊王丸筆三十番神などがある。

日蓮宗霊跡寺院　大本山

小湊山《こみなとさん》　誕生寺《たんじょうじ》

千葉県鴨川市

日蓮誕生の霊跡寺院。日蓮の祈願によって母が延命したことを記念して創建された「菩薩荘厳堂」が日蓮生家跡にあり、建治二年（一二七六）、直弟子の日家がその地に一宇を建立したことが始まり。もとは妙ノ浦にあったが、度重なる地震や津波により、江戸時代から現在の地に移る。

日蓮宗霊跡寺院　大本山

千光山《せんこうざん》　清澄寺《せいちょうじ》

千葉県鴨川市

宝亀二年（七七一）の創建。承和三年（八三六）、慈覚大師円仁によって天台宗寺院となる。日蓮が出家得度した原点の地。また、日蓮の立教開宗の地でもある。江戸時代初期には真言宗に改宗、昭和二十四年（一九四九）、日蓮宗へ改宗という歴史を持つ。

寺院内の旭が森には、立教開宗を記念する大銅像、また、日蓮出家の師・道善房の墓所がある。

日蓮宗霊跡寺院　本山

小松原山《こまつばらさん》　鏡忍寺《きょうにんじ》

千葉県鴨川市

日蓮の四大法難のうち、日蓮のみならず弟子や信者も襲撃を受けた霊場に建つ。殉弟子である鏡忍房と、同じく殉教した天津の領主である工藤吉隆の菩提を弔うため、弘安四年（一二八一）に本寺が建立された。

主な寺宝として、「富木殿御書」、太刀受念珠、また鏡忍房血染袈裟、『日蓮聖人註画讃』（五冊）などがある。

日蓮宗霊跡寺院　大本山

正中山《しょうちゅうざん》　法華経寺《ほけきょうじ》

千葉県市川市

日蓮の真蹟遺文護持の寺院、また日蓮宗で最古の歴史を持つ寺院。松葉谷法難の後、日蓮は大檀越の元に逃れた。その大檀越が富木常忍と大田乗明で、日蓮自らがこの地に釈迦如来像を安置して開山入佛式を行ったことが始まり。

小松原法難で鬼子母神の出現により、一命をとりとめた日蓮はこの中山の地で鬼子母神像を彫刻し、開眼したと伝わる。

祈禱根本道場として毎年十一月一日（大荒行入行会）から二月十日（大荒行成満会）まで、寒中一百日の大荒行が行われる。

日蓮宗由緒寺院　本山

真間山《ままさん》　弘法寺《ぐほうじ》

千葉県市川市

天平九年（七三七）に行基がこの地に暮らしていた娘・手児奈《てこな》を訪れ、一宇を建立し、「求法寺」と号したことが始まり。弘仁十三年（八二二）に弘法大師空海が七堂伽藍を構えてから真言宗寺院となり、「真間山弘法寺」となる。元慶五年（八八一）に天台宗に転宗、建治三年（一二七七）に日蓮宗に改宗し、伊予阿闍梨日頂を開基として現在までその法灯を伝えている。

「真間の釈迦仏」や真蹟遺文四幅などを所蔵。

日蓮宗由緒寺院　本山

常在山《じょうざいざん》　藻原寺《そうげんじ》

千葉県茂原市

日蓮門下題目初唱の霊場として知られ、「東身延」と称されている。昭和八年（一九三三）に建造された多宝塔式のインド風山門は高さが二十五メートルもあり、茂原市のシンボルとして親しまれている。

日蓮宗由緒寺院　本山

広栄山《こうえいざん》　妙覚寺《みょうかくじ》

千葉県勝浦市

文永元年（一二六四）、病の母を見舞うため帰郷した日蓮。母のために祈りを捧げるとたちまち蘇生した。これを聞いた興津城主佐久間重貞は、日蓮を招き、祈禱を依頼。たちまち効験が顕れたという。その後、日蓮は重貞に招かれ、持仏堂で十日にわたって説法を行った。このとき重貞は日蓮に深く帰依し、持仏堂を寄進して「妙覚寺」と号した。これにより、「十日間説法の霊場」とも呼ばれる。

日蓮宗由緒寺院　本山

長谷山《ちょうこくざん》　本土寺《ほんどじ》

千葉県松戸市

源氏の名門平賀家の屋敷跡として伝えられ、建治三年（一二七七）、日蓮の大檀越であり時の領主・曾谷教信の協力で領内の地蔵堂を移して法華堂とし、後に日蓮自らが長谷山本土寺との寺号を授けた。長栄山池上本門寺、長興山比企谷妙本寺とともに、六老僧の一人、大国阿闍梨日朗門下の「三長三本」の一つとして栄えた。「諸人御返事」などの真蹟遺文などが伝わる。

日蓮宗由緒寺院　本山

長崇山《ちょうそうざん》　妙興寺《みょうこうじ》

千葉県千葉市

日蓮の大檀越の一人、曾谷教信の子である曾谷四郎左衛門直秀が出家し、建治元年（一二七五）に法華の道場を開いた。日蓮は当時、身延にあり、弟子の大受阿闍梨日合を当地に遣わし、開山供養を行い開山とした。

僧侶教育機関の殿堂として二百年の歴史を誇っていた「野呂檀林《のろだんりん》」とともに隆盛を極めた。江戸時代には多くの僧侶が学ぶ大寺院であった。

日蓮宗由緒寺院　本山

正東山《しょうどうざん》　日本寺《にちほんじ》

千葉県香取郡多古町

関東三大檀林の一つ。元応元年（一三一九）、中山法華経寺第三世・浄行院日祐がこの地に草庵を結び、常修院日常（富木常忍）を開基として北総一円の布教拠点となった。慶長四年（一五九九）、恵雲院日円が寺を継ぐと、僧侶の教育機関「中村檀林」が開かれた。

山門正面の扁額は本阿弥光悦の真筆といわれ、「日本三額のひとつ」とされている。

日蓮宗由緒寺院　本山

妙高山《みょうこうざん》　正法寺《しょうぼうじ》

千葉県大網白里市

長禄二年（一四五八）に小西城主・原肥前守胤継が妙

高院日意を開山に迎え、自邸を寺院に改めたことが始まり。最盛期には九百人を超える学僧を擁していたほどの大規模な「小西檀林《こにしだんりん》」の旧跡。明治六年（一八七三）の大火で諸堂の大半が焼失し、檀林は廃止された。現存する伽藍は旧講堂を改築した本堂と、徳川家綱が寄贈した中門のほか、妙見堂や鐘楼堂、客殿、庫裏などがある。

日蓮宗霊跡寺院　大本山

長栄山《ちょうえいざん》　池上本門寺《いけがみほんもんじ》

東京都大田区

弘安五年（一二八二）、日蓮は病気療養のため、常陸に湯治に向かう途中、容態が悪化し大檀越である池上宗仲邸に逗留。そのときに寄進された山上の堂宇を「長栄山本門寺」と命名し、開堂供養したのが始まり。

大堂の日蓮聖人像（祖師像）は、日蓮の第七回忌のときに作られたもので、日蓮在世中の姿を最もよく伝えるものとして知られる。室町時代には、有力武家の子弟が貫主職に就くなど、その勢いは隆盛を極め、加藤清正や徳川家康、またその側室・養珠院お万の方をはじめ、多くの大名の外護を受けて発展した。

昭和二十年（一九四五）の第二次大戦下、空襲に遭ったが、五重塔、経蔵、多宝塔、総門は被災を免れた。

日蓮宗由緒寺院　本山

長崇山《ちょうすうざん》　大坊本行寺《だいぼうほんぎょうじ》

東京都大田区

日蓮は入滅するまでの約一ヶ月間、多くの弟子や檀越に法華経や「立正安国論」の講義を行った。その際に日蓮が寄り掛かっていたとされる柱「お寄り掛かりの柱」の一部は、今でも「ご臨終の間」に置かれている。また、堂内の中央には、日蓮自ら鏡を見て自刻したとされる「自鏡満願の祖師像」、「池上宗仲公御夫婦像」などが奉安されている。

日蓮宗由緒寺院　本山

日圓山《にちえんざん》　妙法寺《みょうほうじ》

東京都杉並区

元和年間（一六一五〜二四）、覚仙院日逕が老母・妙仙院日圓法尼の菩提を弔うため、尼寺として真言宗から改宗したことが始まり。祖師堂に安置される「日蓮聖人像」は「厄除け祖師」と呼ばれ、庶民の信仰を集めてきた。特に江戸時代は「堀之内のおそっさま（お祖師さま）」として親しまれ、古典落語の代表的な演目「堀之内」の舞台でもある。

日蓮宗由緒寺院　本山

慈雲山《じうんざん》　瑞輪寺《ずいりんじ》

東京都台東区

徳川家康の幼少時代に学問教育の師範を務めた身延山第十七世慈雲院日新により、日本橋馬喰町に天正十九年（一五九一）に開かれたのが始まり。境内に立つ鐘楼は元禄年間に徳川家光によって寄進されたもの。度重なる類焼を経て、慶安二年（一六四九）、現在の地に再建された。江戸十大祖師に数えられる「除厄・安産飯匙祖師」や「七面大明神」が奉安されている。

日蓮宗霊跡寺院　本山

寂光山《じゃくこうざん》　龍口寺《りゅうこうじ》

神奈川県藤沢市

文永八年（一二七一）、日蓮が斬首の難を逃れた（龍口法難）霊跡。延元二年（一三三七）、日法が刑場跡に「敷皮堂」を建て、自身で彫った日蓮聖人像を安置したことが始まり。天保三年（一八三二）に大本堂が竣工した。

日蓮宗霊跡寺院　本山

長興山《ちょうこうざん》　妙本寺《みょうほんじ》

神奈川県鎌倉市

日蓮が自ら開いた法華堂が始まり。寺地は北条得宗家との対立から滅ぼされた比企一族の館があった土地であり、一族で唯一生き残った比企能本が日蓮に帰依し、法華堂を建立して捧げたという。法華堂が妙本寺という寺号になったのは、佐渡に流されていた日蓮が赦されて鎌倉に帰還した文永十一年（一二七四）のこと。山号の「長興」、寺号「妙本」ともに能本の父と母の法号にちなむ。

祖師堂に祀られている日蓮聖人像は、池上本門寺、身延山とともに一木三体の像だと伝わる。また日蓮の入滅時に掲げた「臨滅度時本尊」などを安置する。

日蓮宗由緒寺院　本山

妙厳山《みょうごんざん》　本覚寺《ほんがくじ》

神奈川県鎌倉市

永享八年（一四三六）、身延門流の一乗房日出が足利持氏の帰依を得て土地を拝領し創建したのが始まり。日蓮が佐渡流罪を赦免され、身延山へ出立するまでの四十数日間滞在した由緒寺院。第二世行学院日朝は眼病救護の誓願を立て、信仰を集めるようになり、「日朝さま」の名で親しまれている。

日蓮宗由緒寺院　本山

法華山《ほっけざん》　本興寺《ほんこうじ》

神奈川県横浜市

日蓮の直弟子・天目が鎌倉に開創したことに始まり、日蓮が辻説法の途中、休息した土地ということで、休息山本興寺と称していた。その後、現在の山号、寺号に改称される。日蓮教団への迫害が激しさを増すなか、万治三年（一六六〇）に現在の地に移転した。

荘厳な本堂では、扉四枚の七福神や内陣・欄間の釈迦、日蓮・日什などの一代記を彫り描いた五十四面の彫刻などがみられる。

日蓮宗由緒寺院　本山

明星山《みょうじょうざん》　妙純寺《みょうじゅんじ》

神奈川県厚木市

文永八年（一二七一）九月十二日の龍口法難の翌日、佐渡配流となった日蓮が出立するまでの約一ヶ月を過ごした霊跡。「星下りの霊跡」として知られる。

北陸・甲信越地方

日蓮宗霊跡寺院　本山

塚原山《つかはらさん》　根本寺《こんぽんじ》

新潟県佐渡市

佐渡第一謫居地・塚原三昧堂ゆかりの霊跡。文永八年（一二七一）、佐渡に配流された日蓮は、あばら屋同然で雪が吹き込むほどの三昧堂に移された。文永九年（一二七二）、この地において『開目抄』を著した。日蓮が流された当時、この地は草木が生い茂り、死体が捨てられる場所だったという。

日蓮宗霊跡寺院　本山

妙法華山《みょうほっけざん》　妙照寺《みょうしょうじ》

新潟県佐渡市

日蓮が塚原三昧堂から移され、赦免されるまでの約二年間を過ごした佐渡での第二謫居地・一谷の霊跡。真言宗から改宗し、弟子となった日静によって建立されたのが始まり。文永十年（一二七三）、日蓮はこの地で「如来滅後五五百歳始観心本尊抄」をまとめ、大曼荼羅本尊を図顕し、教義を確立した。

日蓮宗由緒寺院　本山

蓮華王山《れんげおうざん》　妙宣寺《みょうせんじ》

新潟県佐渡市

日蓮が佐渡に滞在していた時期に入信した阿仏房夫妻ゆかりの寺院。阿仏房は順徳天皇の佐渡配流に従った武士で、念仏者として日蓮を殺害しようと試みた。しかし、帰伏し、篤信の法華信者となった。

日蓮宗由緒寺院　本山

法王山《ほうおうざん》　妙法寺《みょうほうじ》

新潟県長岡市

徳治二年（一三〇七）、日蓮の一番弟子の日昭によって開創されたのが始まり。日昭は「六老僧」と呼ばれる高僧のうちの一人。その日昭が相州国・名瀬（現在の神奈川県横浜市）に妙法寺を創立。その後、越後国の風間信濃守信昭が自身の領地である村田の地に移し、北陸道における仏法興隆を図った。

日蓮宗由緒寺院　本山

金栄山《きんえいざん》　妙成寺《みょうじょうじ》

石川県羽咋市

永仁二年（一二九四）、日蓮の孫弟子にあたる龍華樹院日像によって開創。前田利家以来、加賀藩の代々の藩主によって諸堂の寄進を受け、本堂や祖師堂、楼門など十棟もの堂宇建物が国の重要文化財に指定されている。創建以来、一度も火災などに遭っていないため、桃山建築様式の建物が往時の姿を現代に伝える。

祖山　日蓮宗総本山

身延山《みのぶさん》　久遠寺《くおんじ》

山梨県南巨摩郡身延町

文永十一年（一二七四）五月十七日、日蓮は領主波木井（南部）実長の招きによって身延に入山し、六月十七日に草庵を構えた。以来、この日を「身延山開闢」としている。日蓮は晩年の九年間を、この地で過ごしたが、弘安五年（一二八二）、湯治へ向かう途中、十月十三日、武蔵国池上で入滅し、その遺骨は遺言によって身延山に葬られた。以後、身延山は法華経の聖地のみならず、日蓮棲神留魂の地として信仰を集める。十五世紀後半には、第十一世行学院日朝によって身延山西谷にあった堂宇が現在の地に移されるとともに、江戸時代には諸大名や側室の外護を受け発展し、庶民の巡拝も盛んであった。

日蓮宗由緒寺院　本山

徳栄山《とくえいざん》　妙法寺《みょうほうじ》

山梨県南巨摩郡富士川町

日蓮が身延在山中の代表的な直創寺院。通称「小室山」。持統天皇七年（六九三）に開創され、のちに真言宗となる。「東国三十三ヶ国の山伏の棟梁」と称されるほどの古刹であった。善智法印はその当時の住持で、恵頂阿闍梨と称していたが、日蓮に帰伏し、改宗した。その後、永禄年間に武田家から寺領を寄進され、堂塔が再建された。病気療養の効果が顕れたとされる日蓮直伝の「小室の毒消し秘妙符」が伝わる。

日蓮宗由緒寺院　本山

大野山《おおのさん》　本遠寺《ほんのんじ》

山梨県南巨摩郡身延町

慶長十四年（一六〇九）、身延山久遠寺第二十二世心性院日遠が、徳川家康の側室お万の方（養珠院）の帰依を受けて創建したのが始まり。お万の方の実子徳川頼宣の寄進により、諸堂が造立され寺観が整えられた。当時は、身延山の末寺に属さず、頼宣から「本寺紛れ無きの由」の判物をもらうなど、高い寺格を有していたが、慶応三年（一八六七）の火災により伽藍の多くを失った。本堂は、この火災を免れたもので、日蓮宗の本格的な大規模本堂である。慶安三年（一六五〇）の建立と考えられ、当初の姿を現在に伝えている。

東海地方

日蓮宗霊跡寺院　本山

海光山《かいこうざん》　佛現寺《ぶつげんじ》

静岡県伊東市

伊豆法難ゆかりの寺院。日蓮が伊豆に配流された時の謫居跡と伝えられる毘沙門堂跡が始まり。病に侵された地頭・伊東祐光が日蓮に命を救われた際に献上し、その後、日蓮が生涯にわたって随身仏とした海中出現立像を安置していた霊跡としても知られている。日蓮は伊豆配流中、当地で『四恩抄』と『教機時国抄』などを著した。当寺院の近くには、日蓮が置き去りにされたと伝わる「俎岩」の旧跡があるほか、その日蓮を助けた船守弥三郎夫妻が眠る蓮慶寺もある。

日蓮宗由緒寺院　本山

大成山《だいじょうざん》　本立寺《ほんりゅうじ》

静岡県伊豆の国市

伊豆法難ゆかりの寺院。伊豆の豪族、江川家の菩提寺として知られる。日蓮は伊豆配流中の弘長二年（一二六二）、比叡山遊学中に帰依した江川太郎左衛門英親に招かれ、翌年春に数日間滞在し、当寺院周辺を教化した。本堂の裏山には江川家代々の墓碑が並ぶ。大本堂以下の諸堂のうち、七面堂は身延山の向拝と向き合っている。また伝・日法作の日蓮聖人像は、池上本門寺・北山本門寺の日蓮聖人像と並び、「日本三祖師」と称される。

日蓮宗由緒寺院　本山

経王山《きょうおうざん》　妙法華寺《みょうほっけじ》

静岡県三島市

日蓮の本弟子、六老僧の一人である日昭の開創。もとは鎌倉の浜にあった法華寺が始まり。その後、何度も移転を重ねたが、元和七年（一六二一）より現在の地に移った。徳川家康の側室・お万の方（養珠院）や、英勝院お勝の方などの浄財で完成した大伽藍は、大本堂、祖師堂、五重塔など約二百四十棟にも上ったが、寛政三年（一七九一）に庫裡を除いて焼失した。現在の伽藍は四十一世日桓などの再建によるものが多い。

寺宝として「日蓮聖人像」、「日蓮自筆大曼荼羅本尊」、「十界勧請大曼荼羅図」など。

日蓮宗由緒寺院　本山

東光山《とうこうざん》　實成寺《じつじょうじ》

静岡県伊豆市

正安三年（一三〇一）に日蓮の孫弟子大夫阿闍梨日尊により開創。興門派の本山で「興門八本山」の一つ。古くは、この地の豪族大見氏の一族である大見小藤太成家の居館跡で、正面、石畳と石垣の一部は鎌倉時代初期の武家屋敷の面影を残しており、その南側、城山といわれる一帯はその城跡とされている。

日蓮宗霊跡寺院　大本山

冨士山《ふじさん》　本門寺《ほんもんじ》

静岡県富士宮市

日蓮の七回忌の報恩会式後、六老僧の一人、白蓮阿闍梨日興は身延の祖廟を発った。正応二年（一二八九）には、日蓮の大檀越南条時光に請われ富士の上野に身を寄せ、翌年には日蓮の生御影尊像奉安のために大坊（現在の大石寺）を建立。また、悲願だった「富士山法華本門寺根源」の造立を目指し、重須の石川孫三郎能忠、上野の南条時光の領主や、小泉法華講衆の協力を得て、永仁六年（一二九八）に本堂、御影堂、垂迹堂が落成。「法華本門寺根源」の額を掲げ、長年にわたり、富士門流の総本山として信仰を集めた。

日蓮宗霊跡寺院　本山

岩本山《がんぽんざん》　實相寺《じっそうじ》

静岡県富士市

久安元年（一一四五）に創建し、当時は天台宗の寺院で、鳥羽法皇勅願寺として隆盛を誇った。また日蓮が「立正安国論」の構想を練り、一切経をひもといた寺院として知られ、日蓮来山後、学頭・智海法印が帰依、一山をあげて改宗した。六老僧の日興、蓮華阿闍梨日持、日朗とも縁が深い。永禄十一年（一五六八）、武田信玄により、経蔵以外を焼かれたが、慶長年間に九世日恒が復興した。その後も台風などの惨禍に見舞われるが、四条、三沢、南条、西山、松野、内房、波木井などの有力檀越らの力で再興した。

日蓮宗由緒寺院　本山

富士山《ふじさん》　久遠寺《くおんじ》

静岡県富士宮市

日蓮の法孫である、宰相阿闍梨日郷が建武元年（一三三四）に開創したのが始まり。早くから「富士五山」の一つとして発展した。総本山の久遠寺と区別して、一般には「小泉の久遠寺」もしくは「富士山久遠寺」と呼ばれる。

日蓮宗由緒寺院　本山

貞松山《ていしょうざん》　蓮永寺《れんえいじ》

静岡県静岡市

六老僧の一人である日持により、駿河国松野村に開山されたのが始まり。その創立年代は、文永十一年（一二七四）、また弘安六年（一二八三）ともいわれている。

元和元年（一六一五）に無住同様となった霊跡の荒廃を嘆いた徳川家康の側室・養珠院お万の方により、駿府城鎮護の道場として現在の地に再興した。移転後は山号を「貞松山」と改称し、「みまつの蓮永寺」と呼ばれている。

日蓮宗由緒寺院　本山

龍水山《りゅうすいざん》　海長寺《かいちょうじ》

静岡県静岡市

仁寿二年（八五二）年、慈覚大師円仁によって開創。もとは天台宗の古刹であった。はじめは村松山峨岳寺と称し、有渡山八ツ原の地にあったが、寛弘八年（一〇一一）に山津波に遭って堂宇が崩壊し、現在の地に移った。その後、治部公日位がこの地で布教を行い、文永九年（一二七二）に峨岳寺の住持、慈証と法論を行い、慈証はその理に伏して改宗し、龍水山海上寺となり、江戸時代に現在の寺号に改めた。

本堂内に安置されている日蓮聖人像は「満願の祖師像」と呼ばれ、日位の法功を喜んだ日蓮が、自身の模造に点眼して授与したものだと伝えられている。

日蓮宗由緒寺院　本山

青龍山《せいりゅうざん》　本覚寺《ほんがくじ》

静岡県静岡市

徳治三年（一三〇八）、日蓮の門下・中老僧の治部公日位によって開創。二世の日厳、四世の日静は日位の法灯を受け継いでいる。この二人は兄弟で、関東管領上杉頼重の子。将軍足利尊氏の外叔父であったことから庇護を受けた。当時は山内八ヶ坊を有し、「駿河の身延」とも言われた。明治二年（一八六九）に火事で諸堂の三分の二を焼失したが、本堂、本仏堂、金毘羅宮、宝蔵、総門は当時のもの。

日蓮宗由緒寺院　本山

本立山《ほんりゅうざん》　玄妙寺《げんみょうじ》

静岡県磐田市

日什門流の開祖、玄妙阿闍梨日什が元中二年（一三八五）に建立した寺院。日什自らの名を以って寺号とし「玄妙寺」と名付けた。

山号は「日什門徒存知スべキ事」として「此ノ大曼荼羅所持ノ寺チ本立山玄妙寺ト号スル者ナル開山ハ日什、第ノ貫主ハ大蔵阿闍梨日妙云々。此ノ寺チ以テ此ノ門徒ノ本寺ト定ムル処ナリ」と置文を認め、玄妙寺を本寺と定めた。

日蓮宗由緒寺院　本山

延兼山《えんけんざん》　妙立寺《みょうりゅうじ》

静岡県湖西市

至徳三年（一三八六）、当地の豪族、佐原常慶と内藤金平が旅の途中、遠江国府中で法華経の弘通をしていた日什の説法を聴いたことで帰依し、日什を浜名湖西岸に招いたことが始まり。徳川家康が宇津山城征伐の際に軍旗を掲げたという「旗建松碑」がある。

近畿地方

日蓮宗由緒寺院　本山

村雲御所《むらくもごしょ》　瑞龍寺《ずいりゅうじ》

滋賀県近江八幡市

文禄五年（一五九六）、豊臣秀次の母であり、秀吉の姉である瑞龍院日秀が、秀吉に自害させられた秀次の菩提のために、京都の村雲に創建したのが始まり。そのため村雲御所と呼ばれている。昭和三十六年（一九六一）に現在地に移転した。日蓮宗では唯一の門跡寺院。

日蓮宗霊跡寺院　大本山

具足山《ぐそくさん》　妙顕寺《みょうけんじ》

京都府京都市

日蓮の孫弟子にあたる日像が元亨元年（一三二一）に開創。伽藍は移転を繰り返したが、本能寺の変後、豊臣秀吉の命により、現在の地である小川寺之内に堂宇を移転し、現在の伽藍の形が定まった。江戸期には、天明八年（一七八八）の「天明の大火」により、伽藍の大半を消失したが、復興された。

日蓮宗由緒寺院　本山

叡昌山《えいしょうざん》　本法寺《ほんぽうじ》

京都府京都市

久遠成院日親によって開創。その時期や場所については諸説あり、永享八年（一四三六）に東洞院綾小路で造られた「弘通所」が始まりとされる。その後、永享十二年（一四四〇）に、日親の室町幕府への諌暁が原因で破却され、康正年間に四条高倉で再建。寛正元年（一四六〇）、二度目の破却に遭い、三条万里小路に移転して復興を果たすと、日親はこの寺を一門の中心地に定めた。天文五年（一五三六）の天文法難によって一時は都を追われ、大坂堺に避難。後に一条戻橋付近で再興。

天正十五年（一五八七）には豊臣秀吉の聚楽第建設に伴う都市整備の影響により現在の地に移転した。

日蓮宗由緒寺院　本山

北龍華具足山《きたりゅうげぐそくさん》　妙覺寺《みょうかくじ》

京都府京都市

永和四年（一三七八）に四条大宮に創建したのが始まり。文明十五年（一四八三）には足利義尚の命により二条衣棚に移転し、戦国時代には妙顯寺と同様に大規模な敷地を有するようになった。将軍足利義輝、織田信長、伊達政宗など様々な人物の宿所にもなり、また、千利休の大茶会なども催された。大門は数少ない聚楽第の遺構である。天正十一年（一五八三）に豊臣秀吉の洛中整理令により現在地へ移転した。

日蓮宗由緒寺院　本山

広布山《こうふざん》　本満寺《ほんまんじ》

京都府京都市

応永十七年（一四一〇）、九代関白左大臣近衛公の嫡子、玉洞妙院日秀によって朝廷より授与された三万坪に開かれた近衛殿内道場が始まり。歴代の貫主は近衛家の猶子として参内した。

「広宣流布山本願満足寺」と称していたが、のちに「広布山本満寺」となる。天文法難の後、現在の場所に移り、宝暦元年（一七五一）に徳川吉宗の病癒祈願を行ってから徳川家の祈禱所となり、隆盛した。真蹟遺文「土木殿御返事」、「一代五時鶏図」のほか、日乾による真筆原典の対校本『開目抄』などの宗門教学書などを護持する。

日蓮宗由緒寺院　本山

西龍華具足山《にしりゅうげぐそくさん》　立本寺《りゅうほんじ》

京都府京都市

妙顯寺、妙覺寺とともに「三具足山」として日像直系の寺院である。元亨元年（一三二一）に道場として開いた妙顯寺龍華院が始まり。応永二十三年（一四一六）に立本寺と号する。宝永五年（一七〇八）の宝永の大火で焼失するが、現在地にて再建された。本堂・刹堂（鬼子母神堂）・客殿（園林堂）・鐘楼・山門（総門）は京都市の有形文化財。また、亡くなった母親が子供のために飴を買いにきていたという「幽霊子育て飴」や「兜の御影」など、多くの伝説が残る。

日蓮宗由緒寺院　本山

聞法山《もんぽうざん》　頂妙寺《ちょうみょうじ》

京都府京都市

中山法華経寺六世兵部卿日薩の弟子、妙国院月蔵卿日祝が文明五年（一四七三）に細川勝益の帰依を得て建立したのが始まり。

その後、足利将軍家、公家、京都町衆の外護を受け大いに発展した。天文法難により堂宇が焼失し、堺に移るが帰洛復興。文禄三年（一五九四）、徳川家康によって、頂妙寺、京都本法寺、堺妙國寺の住持が、輪番で法華経寺の貫主となる「中山法華経寺輪司の式」を定めた。現在の堂宇は天明八年（一七八八）の「天明の大火」以後の建立である。

日蓮宗由緒寺院　本山

法鏡山《ほうきょうざん》　妙傳寺《みょうでんじ》

京都府京都市

文明九年（一四七七）に開創。はじめ京都一条尻切屋町に建立され、身延より日蓮の御真骨を分骨奉安し、同時に身延七面山に勧請されている七面天女と同木同体の尊体を安置した。故に「関西身延」と称され、信仰を集めた。天文五年の天文法難によって灰燼に帰すも、天文十年（一五四一）、新たに西洞院に再興、天正十九年（一五九一）、豊臣秀吉の命を受けて京極二条の地に移転した。第六世慈眼院日恵時代に興隆したと伝わり、一条家・四条家の菩提寺となり、日恵は妙傳寺の中興の祖とされる。宝永五年（一七〇八）、宝永の大火で全山再び灰燼に帰すが、第二十九世日義によって現在の東大路二条に再興し、第三十五世了遠院日勤が説法一万座におよんで浄財を勧募し、現在の本堂を建立した。

日蓮宗霊跡寺院　大本山

大光山《だいこうざん》　本圀寺《ほんこくじ》

京都府京都市

建長五年（一二五三）、日蓮が鎌倉松葉谷に草庵を構え、法華堂と称したことが始まり。嘉暦三年（一三二八）、後醍醐天皇の勅願所綸旨を受け、勅願「根本道場」となる。貞和元年（一三四五）、光厳天皇の勅諚により三位日静は、鎌倉から六条堀川楊梅の地に移遷し、朝廷より「正嫡付法」の綸旨を受け、文明十四年（一四八二）、後土御門天皇の勅諚により、「法華総本寺」の認証を受けた。各天皇の綸旨を受け、立正安国・四海静謐を国禱する「正嫡付法」の「根本道場」として公認され、今日に至っている。

日蓮宗由緒寺院　本山

廣普山《こうふざん》　妙國寺《みょうこくじ》

大阪府堺市

永禄五年（一五六二）、仏心院日珖が三好豊前守之康の帰依を得て東西三丁、南北五丁の寺領と大ソテツを寄進。さらに日珖の父で堺の豪商、油屋常信と兄の常祐の外護によって本堂、主殿、南北の学舎、経蔵などの諸堂が建立され、開創した。寺号は、日珖の師、日沾の師である京都の頂妙寺の開祖・妙国院日祝の院号に因む。

日蓮宗由緒寺院　本山

白雲山《はくうんざん》　報恩寺《ほうおんじ》

和歌山県和歌山市

もとを要行寺と称し、慶長十四年（一六〇九）に建立したと伝わる。その後、寛文六年（一六六六）に紀州徳川家藩主、徳川頼宣夫人・遥林院の追善供養のため、息子である光貞が要行寺を報恩寺と改め、一ヶ所本山として寛文九年（一六六九）に従二位大僧都日順を招き、開山。日順は朝廷から従二位大僧都（権大僧都）の位を賜り、参内を許される。以来、当山は紀州徳川家代々の菩提寺として、また和歌山城下唯一の「武士寺」となる。

中国・九州地方

日蓮宗由緒寺院　本山

自昌山《じしょうざん》　國前寺《こくぜんじ》

広島県広島市

暦応三年（一三四〇）、当地を訪れた日像によって開山。もとは真言宗であったが、日像の教化によって、当時住持であった暁忍が帰伏改宗し、暁忍寺と称した。その後、明暦二年（一六五六）、第二十世大雄院日勝の代に藩主浅野光晟、同夫人の自昌院（前田利常の娘）の帰依により、寺領二百石を拝領。七堂伽藍が完備され、浅野藩菩提寺國泰寺の「國」と自昌院（満姫）生家前田家の「前」を取り、「國前寺」と改称した。

日蓮宗由緒寺院　本山

松尾山《まつおざん》　光勝寺《こうしょうじ》

佐賀県小城市

文保元年（一三一七）、中山法華経寺の第三世浄行院日祐が開山。九州最初の法華寺院。開基は千葉大隅守平朝臣胤貞。第十四世まで中山法華経寺と両山一寺であったが、第十五世より専任貫主制となる。日親が鎮西（九州）総導師職を拝命し、初代専任貫主となった。

日蓮略年譜

＊『別冊太陽　日蓮』（平凡社）、『仏教の教え—釈尊と日蓮聖人（改訂版）』（春秋社）などをもとに作成。

年号（和暦・西暦）	歳	日蓮に関する主な事柄
承久四年／貞応元年（一二二二）	一歳	二月十六日、安房国長狭郡東条郷片海小湊にて誕生。幼名、善日麿とも。
天福元年（一二三三）	十二歳	清澄寺に登山。浄顕房・義浄房について四年にわたり、幼学（初等教育）に打ち込む。
嘉禎三年（一二三七）	十六歳	道善房に師事し、出家得度。名を「是聖房蓮長」と改める。
嘉禎四年（一二三八）	十七歳	天台教学書『授決円多羅義集唐決』を書写する。
延応元年（一二三九）	十八歳	この頃、鎌倉遊学へ出発。禅や念仏を学ぶ。
仁治三年（一二四二）	二十一歳	鎌倉遊学から清澄寺へ戻る。『戒体即身成仏義』を著す。 京畿・比叡山遊学へ出発。
建長三年（一二五一）	三十歳	新義真言宗開祖覚鑁の『五輪九字明秘密釈』を書写。 この頃、諸寺諸山にて見聞を深める。

建長五年（一二五三）	三十二歳	四月二十八日早朝、清澄寺の旭が森山頂にて「南無妙法蓮華経」と初めて題目を唱え、立教開宗。この頃を前後して、「日蓮」と名乗るようになる。
建長六年（一二五四）	三十三歳	この頃、領家の尼に加担し、地頭・東条景信と係争、勝訴する。 鎌倉の松葉谷に草庵を構え、布教の拠点と定める。 この頃、日昭・吉祥丸（後の日朗）が入門する。
正嘉元年（一二五七）	三十六歳	正嘉の大地震が発生。
正嘉二年（一二五八）	三十七歳	うち続く自然災害などの原因を探るため、岩本実相寺にて一切経を閲読。 日興が入門する。
正元元年（一二五九）	三十八歳	『守護国家論』を著す。
文応元年（一二六〇）	三十九歳	二月に『災難興起由来』、『災難対治鈔』を著す。 七月十六日、『立正安国論』を著し、前執権である北条時頼に上呈。 八月、松葉谷法難。
弘長元年（一二六一）	四十歳	五月、伊豆法難。
弘長三年（一二六三）	四十二歳	二月、伊豆流罪赦免。
文永元年（一二六四）	四十三歳	九月頃、母の病気を見舞うため、安房国に帰郷する。 十一月、小松原法難。

年号（和暦・西暦）	歳	日蓮に関する主な事柄
文永二年（一二六五）	四十四歳	日向が入門する。
文永四年（一二六七）	四十六歳	日頂が入門する。
文永五年（一二六八）	四十七歳	四月、『立正安国論』の主旨を幕府要路者に上呈する。
文永六年（一二六九）	四十八歳	再度、『立正安国論』の主旨を方々に書き送る。
文永七年（一二七〇）	四十九歳	日持が入門する。
文永八年（一二七一）	五十歳	九月、龍口法難。 十月、佐渡配流。翌月、塚原三昧堂に謫居する。
文永九年（一二七二）	五十一歳	一月、塚原問答。 二月、『開目抄』を著す。 夏頃、一谷に移される。
文永十年（一二七三）	五十二歳	四月、『如来滅後五五百歳始観心本尊抄』を著す。 七月、大曼荼羅本尊を初めて顕示する。
文永十一年（一二七四）	五十三歳	三月、佐渡流罪より赦免され、鎌倉へ戻る。 六月、身延に入山。

建治元年（一二七五）	五十四歳	『撰時抄』を著す。
建治二年（一二七六）	五十五歳	三月、出家の師・道善房が死去。 七月二十一日、弟子を遣わし墓前にて『報恩抄』を捧読。
建治三年（一二七七）	五十六歳	十二月、この頃より「はらのけ（下痢）」に悩まされる。
弘安元年（一二七八）	五十七歳	六月、昨年来の下痢が悪化する。
弘安二年（一二七九）	五十八歳	熱原法難。
弘安四年（一二八一）	六十歳	十一月、身延に十間四面の大堂が建立される。
弘安五年（一二八二）	六十一歳	九月、湯治のため身延山から下山する。体調悪化により行程を変更し、武蔵国池上宗仲邸に到着。 十月八日、日昭、日朗、日興、日向、日頂、日持を本弟子として定める（六老僧の制定）。孫弟子、経一丸（後の日像）に帝都弘通を遺命する。最後の『立正安国論』の講義を行ったと伝わる。 十月十三日の辰の刻（午前八時頃）、池上邸にて入滅。 十月十五日、葬儀。二十一日に遺骨は池上を発ち、二十五日に身延に着く。

主要参考文献一覧

辞典

塚本善隆編、望月信亨著『望月仏教大辞典』全十巻　世界聖典刊行協会　一九六七―一九七一年

田中智学監修『本化聖典大辞林』全三巻　国書刊行会　一九七四年

宮崎英修編『日蓮辞典』　東京堂出版　一九七八年

日蓮宗事典刊行委員会編『日蓮宗事典』　日蓮宗宗務院　一九八一年

立正大学日蓮教学研究所編『日蓮聖人遺文辞典　歴史篇』　身延山久遠寺　一九八五年

小松邦彰・冠　賢一編『日蓮宗小事典』　法藏館　一九八七年

中村元他編『岩波仏教事典』　岩波書店　一九八九年

立正大学日蓮教学研究所編『日蓮聖人遺文辞典　教学篇』　身延山久遠寺　二〇〇三年

渡邊寶陽監修『法華経の事典』　東京堂出版　二〇一三年

遺文・遺文解説

鈴木一成他編『日蓮聖人御遺文講義』全十九巻　日蓮聖人遺文研究会　一九三一年

浅井要麟編『昭和新修　日蓮聖人遺文全集』全三巻　平楽寺書店　一九三四年

渡邊寶陽・小松邦彰編『日本の仏典9　日蓮』　筑摩書房　一九八八年

米田淳雄編『平成新修　日蓮聖人遺文集』　連紹寺　一九九四年

渡邊寶陽・小松邦彰他編『日蓮聖人全集』全七巻　春秋社　一九九二―一九九六年

高森大乗編『昭和定本日蓮聖人遺文諸本対照総覧』　山喜房佛書林　一九九八年

立正大学日蓮教学研究所編『昭和定本　日蓮聖人遺文』全四巻　身延山久遠寺　二〇〇〇年

渡邊寶陽他著『全篇解説　日蓮聖人遺文』　佼成出版社　二〇一七年

日蓮関係

浅井要麟著『日蓮聖人教学の研究』　平楽寺書店　一九六五年

鈴木一成著『日蓮聖人遺文の文献学的研究』　山喜房佛書林　一九六五年

高木　豊著『日蓮とその門弟』弘文堂　一九六五年

戸頃重基・高木豊校注『日本思想体系14　日蓮』岩波書店　一九七〇年

身延山久遠寺編纂『身延山史・続身延山史』身延山久遠寺　一九七三年

渡辺宝陽著『日蓮の手紙』筑摩書房　一九九〇年

山折哲雄監修『日蓮の世界』佼成出版社　一九九一年

中尾　堯著『ご真蹟にふれる』日蓮宗新聞社　一九九四年

宮崎英修著『日蓮とその弟子』平楽寺書店　一九九七年

佐々木馨著『中世仏教と鎌倉幕府』吉川弘文館　一九九七年

寺尾英智著『日蓮聖人真蹟の形態と伝来』雄山閣　一九九七年

川添昭二著『日蓮とその時代』山喜房佛書林　一九九九年

中尾　堯著『日蓮信仰の系譜と儀礼』吉川弘文館　一九九九年

川添昭二著『日蓮と鎌倉文化』平楽寺書店　二〇〇二年

中尾　堯著『日蓮真蹟遺文と寺院文書』吉川弘文館　二〇〇二年

高木　豊著『増補改訂・日蓮　その行動と思想』太田出版　二〇〇二年

佐々木馨著『日本の名僧12　法華の行者　日蓮』吉川弘文館　二〇〇四年

日蓮宗テキスト編集委員会編『仏教の教え　釈尊と日蓮聖人〈改訂版〉』春秋社　二〇〇五年

高木　豊著『日蓮攷』山喜房佛書林　二〇〇八年

高木　豊著『中世日蓮教団史攷』山喜房佛書林　二〇〇八年

関戸堯海著『日蓮聖人のふしぎな伝説と史実』山喜房佛書林　二〇〇八年

中尾　堯著『日本人のこころの言葉　日蓮』創元社　二〇〇九年

小松邦彰監修『詳解　日蓮と日蓮宗』学研プラス　二〇一〇年

望月真澄著『身延山信仰の形成と伝播』岩田書院　二〇一一年

渡辺宝陽・中尾堯　監修『別冊太陽　日蓮　久遠のいのち』平凡社　二〇一三年

小松邦彰他責任編集『シリーズ日蓮』全五巻　春秋社　二〇一四―二〇一五年

庵谷行亨編『日蓮聖人と法華経本門寿量品』本応寺　二〇一五年

日蓮宗全国本山会『日蓮宗本山めぐり　日蓮聖人とお弟子たちの歴史を訪ねて』日蓮宗新聞社　二〇一五年

高橋俊隆著『日蓮聖人の歩みと教え』全三巻　山喜房佛書林　二〇一六―二〇一八年

望月真澄著『もっと知りたい身延山』日蓮宗新聞社　二〇一九年

むすびにかえて

本書執筆は、平凡社の平井瑛子さんからのお手紙がきっかけであった。

現代人が抱える苦悩について日蓮はどのように解答するのか。（中略）「日蓮聖人御降誕八〇〇年」を迎える今、あらためて人びとに「日蓮のことば」に触れて頂きたい。

この言葉は、日蓮宗の教師として、また日蓮宗門系大学・身延山大学に奉職する身として、まさに常日頃感じていたものであり、この言葉に筆者は大変な感銘を受けた。しかし同時に、いやしくも浅学菲才の自分が「宗祖のお言葉」を上手く伝えられるものであろうか、また「意訳・見解」などを記載することにより宗祖を冒瀆することになるのではないかと、直ぐさま「二つ返事」で承諾することができず、日頃お世話になっている諸先生方にも御意見を頂戴した上で、また深く悩んだ末に執筆承諾の返事をしたのである。

承諾後もこの悩みが尽きることはなかった。しかし、その頃に発生したのが「新型コロナウイルス感染症」である。日々刻々と変わっていく社会の様子は、まさに日蓮が活躍した鎌倉時代と同様で、『立正安国論』にある警鐘に酷似していくように思われた。これにより「今こそ祖師のお言葉が必要なのかも知れない」と強く感じるようになったのである。そうすると人の苦悩は自分が考える以上に多岐にわたっており、そして日蓮はその多岐にわたる悩みに対して実に懇切丁寧に向き合っていたことを、あらためて感じるようになった。「人はなぜ生きるのか」「死とは」という人間としての根本問題から、日々の人間関係に至るまで、真摯に向き合う日蓮の姿。その姿は日蓮が認めた書状などからありありとうかがうことができ、まさに日蓮遺文に鏤められる文言が「日蓮その人である」ようであった。僧侶の方からすれば「当然のことであろう」と思われるだろうが、この時の筆者は「今まで言葉ばかり口ばかりで理解していた」と痛感し、新たな「気づき」をする毎日であった。現代を生きる人びとの苦悩に対し日蓮遺文を通じて考え、また日蓮遺文という明鏡を通じて人びとの心の拠り所をみる。まさしく僧侶たる者の基本であろう。しかしこのような時勢に直面することによって、その基本的な事、見方は今までとはまったく異なっていったのである。

「歩」という文字は「少し止まる」と書く。一歩を進む前に少し止まっても良いのだ。止まったままでは良くないが、歩む前に立ち止まるのは必要であろう。そして少し止まるその時にこそ、またこのような世の中であるからこそ、多くの方に日蓮遺文を、日蓮のことばに触れて頂きたい。人として生きることは「苦悩の連続」である。そしてその苦悩の内容は千差万別である。しかし日蓮は八〇〇年もの間、それらの悩みに応じるかのように、人びとに温かい手を差し伸べてきたのである。新しい常識の中では上手くいかないことが多くある。先の見えない今だからこそ日蓮は安心を与えてくれる。「それで良いのだ」「きっとうまくいく」。そこには求める答えがかならずある。そのような経験を今だからこそ味わって頂きたいと思う。そして明日という「苦悩解決の場所」へと歩みを進めて頂きたい。

末筆ではあるが、愚鈍な筆者を日頃教え導いて頂いている諸先生や諸先輩、同輩の皆さまに御礼申し上げる。本来ならばお一人ずつの御芳名を記すべきではあるが、何卒ご容赦頂きたい。また『日蓮宗いきいきマガジン　あんのん』に連載していた原稿の使用許可を頂いた、日蓮宗長崎県宗務所長　渡部智文上人、長崎・熊本教化センターの皆さまにも甚深の謝意を表する。さらに遅筆で稚拙な日本語しか使えない筆者を、最後まで励ましアドバイス頂いた平凡社の平井瑛子さんに甚深の謝意を表したい。

最後に、お付き合い頂いた読者の皆さまに御礼を申し上げる。願わくは、重ねて宗祖日蓮聖人御降誕八〇〇年のこの時に、皆さまの心に日蓮聖人のお言葉が届くことを。

[付記]

本書は「日蓮聖人御降誕八〇〇年」を慶讃すると共に、出家の師である慈父 教應院日亮上人、並びに悲母 随應院妙咲日乃大姉、岳母 微清院妙慈日裕信女の尊前霊前に捧げ、増圓妙道、佛果増進に資すことをご容赦頂きたい。

令和三年(二〇二一)十二月

木村中一

著者紹介

木村中一《きむら・ちゅういち》

1977年、福井県生まれ。立正大学卒業、同大学院博士後期課程満期退学。立正大学非常勤講師、東京未来大学非常勤講師を歴任し、現在は身延山大学教授、同大学国際日蓮学研究所主任。日蓮宗法養寺住職。

主著に『朝夕諷誦 日蓮聖人御遺文』（主筆編集、大本山池上本門寺）、共著に『法華経の事典』（東京堂出版）、『鷲峯山常忍寺史話』（鷲峯山常忍寺）など。

ことのは 日蓮の手紙
生きるとは想い、悩み、許すこと

発行日　２０２１年12月15日　初版第１刷
著者　木村中一
発行者　下中美都
発行所　株式会社平凡社
〒１０１-００５１　東京都千代田区神田神保町３-29
電話　０３-３２３０-６５８５［編集］
　　　０３-３２３０-６５７３［営業］
振替　００１８０-０-２９６３９
ホームページ　https://www.heibonsha.co.jp/
ブックデザイン　川添英昭
印刷　藤原印刷株式会社
製本　大口製本印刷株式会社

ISBN 978-4-582-73919-0
NDC分類番号188.9　四六判（19.4cm）　総ページ272